印 顺 法 师 佛 学 著 作 系 列

般若经讲记

释印顺 著

中华书局

图书在版编目(CIP)数据

般若经讲记/释印顺著. —北京:中华书局,2010.6
(2025.4重印)
(印顺法师佛学著作系列)
ISBN 978-7-101-07487-1

Ⅰ.般… Ⅱ.释… Ⅲ.大乘-佛经-研究 Ⅳ.B942.1

中国版本图书馆 CIP 数据核字(2010)第 130263 号

经台湾财团法人印顺文教基金会授权出版

书　　名	般若经讲记	
著　　者	释印顺	
丛 书 名	印顺法师佛学著作系列	
责任编辑	朱立峰	
封面设计	毛　淳	
责任印制	管　斌	
出版发行	中华书局	
	(北京市丰台区太平桥西里 38 号　100073)	
	http://www.zhbc.com.cn	
	E-mail:zhbc@zhbc.com.cn	
印　　刷	三河市鑫金马印装有限公司	
版　　次	2010 年 6 月第 1 版	
	2025 年 4 月第 12 次印刷	
规　　格	开本/880×1230 毫米　1/32	
	印张 4¾　插页 2　字数 104 千字	
印　　数	22501-24500 册	
国际书号	ISBN 978-7-101-07487-1	
定　　价	22.00 元	

"印顺法师佛学著作系列"出版说明

释印顺(1906—2005),当代佛学泰斗,博通三藏,著述宏富,对印度佛教、中国佛教的经典、制度、历史和思想作了全面深入的梳理、辨析与阐释,取得了一系列重要学术成果,成为汉语佛学研究的杰出典范。同时,他继承和发展了太虚法师的人生佛教思想,建立起自成一家之言的人间佛教思想体系,对二十世纪中叶以来汉传佛教的走向产生了深刻影响,受到佛教界和学术界的的高度重视。

经台湾印顺文教基金会授权,我局于 2009 年出版《印顺法师佛学著作全集》(23 卷),系统、全面地介绍了印顺法师的佛学研究成果和思想,受到学术界、佛教界的广泛欢迎。应读者要求,我局今推出"印顺法师佛学著作系列",将印顺法师的佛学著作以单行本的形式逐一出版,以满足不同领域读者的研究和阅读需要。为方便学界引用,《全集》和"系列"所收各书页码完全一致。

"印顺法师佛学著作系列"的编辑出版以印顺文教基金会提供的台湾正闻出版社出版的印顺法师著作为底本,改繁体竖排为简体横排。以下就编辑原则、修订内容,以及与正闻版的区别等问题,略作说明。

编辑原则

编辑工作以尊重原著为第一原则,在此基础上作必要的编辑加工,以符合大陆的出版规范。

修订内容

由于原作是历年陆续出版的,各书编辑体例、编辑规范不一。我们对此作了适度统一,并订正了原版存在的一些疏漏讹误,主要包括以下几项:

1. 原书讹误的订正:

正闻版的一些疏漏之处,如引文、纪年换算、人名、书名等,本版经仔细核查后予以改正。

2. 标点符号的订正:

正闻版的标点符号使用不合大陆出版规范处甚多,本版作了较大幅度的订正。特别是正闻版对于各书中出现的经名、品名、书名、篇名,或以书名号标注,或以引号标注,或未加标注;本版则对书中出现的经名(有的书包括品名)、书名、篇名均以书名号标示,以方便读者。

3. 梵巴文词汇的删削订正:

正闻版各册(特别是专书部分)大都在人名、地名、名相术语后一再重复标出梵文或巴利文原文,不合同类学术著作惯例,且影响流畅阅读。本版对梵巴文标注作了适度删削,同时根据《望月佛教大辞典》、平川彰《佛教汉梵大辞典》、荻原云来《梵和大辞典》等工具书,订正了原版的某些拼写错误。

4. 原书注释中参见作者其他相关著作之处颇多，为方便读者查找核对，本版各书所有互相参见之处，均分别标出正闻版和本版两种页码。

5. 原书中有极少数文字不符合大陆通行的表述方式，征得著作权人同意，在不改变文义的前提下，略作删改。

印顺法师佛学著作对汉语佛学研究有极为深广的影响，同时在国际佛学界的影响也日益突出。我们希望"印顺法师佛学著作系列"的出版，有助于推进我国的佛教学以及相关学科的研究。

中华书局编辑部
二〇一一年三月

目　　录

般若波罗蜜多心经讲记

金刚般若波罗蜜经讲记

——一九四二年春讲于四川法王学院

悬　论

　　《金刚经》,在中国佛教界流行极为普遍。如三论、天台、贤首、唯识各宗,都有注疏。尤以唐宋来盛极一时的禅宗,与本经结有深厚的因缘。传说:参礼黄梅的六祖慧能,就是听了本经"应无所住而生其心"而开悟的。六祖以前,禅宗以《楞伽》印心,此后《金刚经》即代替了《楞伽》。宋代,出家人的考试有《金刚经》一科,可见它的弘通之盛! 本经的弘通,也有它的特殊因缘。中国佛教的特点,一重实行:如台、贤、禅、净各宗,都注重行持,尤重于从定发慧的体悟。二好简易:国人的习性好简,卷帙浩繁的经论是极难普遍流通的。本经既重般若的悟证,卷帙又不多,恰合中国人的口味,所以能特别地盛行起来!

　　本经的文义次第,是极为难解的。"修多罗次第所显",如不明全经的文义次第,即不能理解一经的宗趣。无著说:"金刚难坏句义聚,一切圣人不能入。"世亲说:"法门句义及次第,世间不解离明慧。"本经文义次第的艰深,实为印度学者所公认! 所以,我国本经的注疏虽多,大抵流于泛论空谈,少有能发见全经脉络而握得宗要的! 关于这,我想多少提供一点意见。

一　释经题

一、金刚：本经名《金刚般若波罗蜜经》，试为分离而综合的解说。金刚，为世间宝物，即金刚石之类。世间的金刚，属于炭质的化合物，有三种特点：（一）坚常：坚是坚固，即不易破坏；常是不变，即不易转化。（二）明净：明是透明的，能反映各种色彩而闪烁地放光；净是纯洁的，即使落在污秽的地方，也还是那样的清净不染。（三）快利：它的力用极强，能破坏一切固体物，而铁、石等却不能摧坏它。然金刚实有二类：（一）金刚宝，如菩萨宝冠所庄严的。（二）世间金刚石之类。世间的金刚，虽不易破坏而还是可坏的。《智论》说：把金刚放在龟壳上，用羊角去捶击，即可以破碎。唯有菩萨庄严的金刚宝，才真的能坏一切而不为一切所坏。

二、般若：般若，华言慧。从前，须菩提在般若会上，曾提出四个问题——何者般若？何名般若？般若何用？般若属谁？今随顺龙树论而略为解说：

（一）何者般若：佛说的般若，到底是什么？依佛所说的内容而论，略有三种：（1）实相般若：《智论》说："般若者，即一切诸法实相，不可破，不可坏。"如经中说的"菩萨应安住般若波罗蜜"，即指实相而言。（2）观照般若：观照，即观察的智慧，《智论》说："从初发心求一切种智，于其中间，知诸法实相慧，是般若波罗蜜。"（3）文字般若：如经中说："般若当于何求？当于须菩提所说中求"，此即指章句经卷说的。

（1）实相般若：实相即诸法如实相，不可以"有"、"无"等去叙述它，也不可以"彼此"、"大小"等去想像它，实相是离一切相——言语相、文字相、心缘相，而无可取著的。《智论》说："般若如大火聚，四边不可触"；古德说："说似一物即不中"，都指示这超越戏论而唯证相应的实相。凡夫的所知所见，无不为自性的戏论所乱，一切是错误的。这种虚诳妄取相，不但不见如实空相，也不能如实了达如幻的行相。从见中道而成佛的圆证实相说：从毕竟寂灭中，彻见一切法的体、用、因、果，离一切相，即一切法。如《法华经》说："唯佛与佛乃能究尽诸法实相，所谓：诸法如是相，如是性，如是体，如是力，如是作，如是因，如是缘，如是果，如是报，如是本末究竟等。"所以，空寂与缘起相，无不是如实的。但这是非凡愚的乱相、乱识所得，必须离戏论的虚诳妄取相，那就非"空无所得"不可。所以，经论所说的实相，每侧重于如实空性、无性。要见性相、空有无碍的如实相，请先透此"都无所得"一关——迷悟的关键所在。

　实相——约理性边说，是空还是有？《中论》说："空则不可说，非空不可说，共不共叵说，但以假名说。"实相非凡常的思想、世俗的语言可表达，这如何可以说是空是有，更因此而诤论？然而，实相非离一切而别有实体，所以不应离文字而说实相。同时，不假借言说，更无法引导众生离执而契入，所以"不坏假名而说法性"，即不妨以"有"、"空"去表示它。《中论》说："一切实非实，亦实亦非实，非实非非实，是名诸佛法。"末句，或译"诸法之实相"。众生的不能彻悟实相，病根在执有我法的自性；所以见色闻声时，总以为色声的本质是这样的，确实是这样的，自己是这样的。由于这一根本的执见,即为生死根本。所以,经中所说的实相,处处说非有,说自性不可得。本经也说:"凡所有相,皆是虚妄;若见诸相非相,则见如来。"高扬此实相无相的教说,尊为"不二解脱之门"。即是说:实相非空非有,而在"寄言离执"的教意说,实相是顺于"空"的;但不要忘却"为可度众生说是毕竟空"!

有人说:实相是客观真理,非佛作亦非余人作,是般若所证的。有人说:实相为超越能所的——绝对的主观真心,即心自性。依《智论》说:"观是一边,缘是一边,离此二边说中道。"离此客观的真理与绝待的真心,才能与实相相应。实相,在论理的说明上,是般若所证的,所以每被想像为"所"边。同时,在定慧的修持上,即心离执而契入,所以每被倒执为"能"边。其实,不落能所,更有什么"所证"与"真心"可说!

(2)观照般若:再作三节解说:凡、外、小智之料简:1. 世间凡夫也各有智慧,如文学的创作、艺术的优美、哲学与科学的昌明,以及政治、经济等一切,都是智慧的结晶;没有智慧,就不会有这些建树。但这是世间的,利害参半的。如飞机的发明,在交通便利上,是有益人群的;但用它来作战,就有害了。常人所有的"俗智俗慧",偏于事相的,含有杂染的,不能说是般若。2. 外道也有他们的智慧,像印度的婆罗门、西欧的基督教等。他们的智慧,以人间为丑恶的、痛苦的,要求升到一个美妙的、安乐的天国,于是乎行慈善、持戒、祷告、念诵、修定等。这种希求离此生彼的"邪智邪慧",如尺蠖的取一舍一,没有解脱的可能,不能说是般若。3. 二乘行者得无我我所慧,解脱生死,可以称为般若;

但也不是《般若经》所说的般若。大乘的诸法实相慧,要有大悲方便助成的;悲智不二的般若,决非二乘的"偏智偏慧"可比。离此三种,菩萨大悲相应的平等大慧,才是般若。

空、般若、菩提之转化:《智论》说:"般若是一法,随机而异称。"如大乘行者从初抉择观察我法无性入门,所以名为空观或空慧。不过,这时的空慧还没有成就;如真能彻悟诸法空相,就转名般若;所以《智论》说:"未成就名空,已成就名般若。"般若到了究竟圆满,即名为无上菩提。所以说:"因名般若,果名萨婆若"——一切种智。罗什说:萨婆若即是老般若。约始终浅深说,有此三名,实际即是一般若。如幼年名孩童,读书即名学生,长大务农做工又名为农夫或工人。因此说:"般若是一法,随机而异称。"

般若、方便之同异:般若是智慧,方便也是智慧。《智论》比喻说:般若如金,方便如熟炼了的金,可作种种饰物。菩萨初以般若慧观一切法空,如通达诸法空性,即能引发无方的巧用,名为方便。经上说"以无所得为方便",假使离了性空慧,方便也就不成其为方便了!所以,般若与方便,不一不异:般若侧重于法空的体证;方便侧重于救济众生的大行,即以便宜的方法利济众生。《智论》这样说:"般若将入毕竟空,绝诸戏论;方便将出毕竟空,严土熟生。"

(3)文字般若:文字,指佛所说的一切言教。常人以书籍为文字,其实,文字不尽是书本的。书籍,是依色尘而假立的文字;但佛世却是以音声作文字。佛怎么说,弟子即怎么听受。所以,佛经以名句文身而立,而名句文身是依声假立的。或者偏爱不立文字,以教义的钻研为文字而加以呵斥,不知言说开示即是文字。凡能表显意义,或正或反以使人理解的,都是文字相。笔墨所写的、口头说的,以及做手势、捉鼻子、竖拂、擎拳,哪一样不是文字!文字虽不即是实义,而到底因文字而入实义;如离却文字,即凡圣永隔!此处说的文字,指《大般若经》中的第九分。

初学般若,应先于文教听闻、受持,以闻思慧为主。经合理的思考、明达,进而摄心以观察缘起无自性,即观照般若,以思修慧为主。如得离一切妄想戏论,现觉实相,即实相般若了。这三者,同明般若而各有所重,如意在实相,即能所并寂而非名言思惟可及。如意在观慧,即依境成观,以离相无住的相应为宗。如意在文字,即重在安立二谛,抉择空有。

(二)何名般若:为什么称为般若?在这一问题中,即抉示出般若究竟指什么?应该说:般若是实相;观慧与文字,是约某种意义而说为般若的。如观慧,因依之深入而能现觉实相——般若,所以也称为般若。观慧是因,实相是——非果之果,即是因得果名。又,实相不是所观的,但观慧却缘相而间接地观察它;为境而引生观慧,所以也可假说为从境——实相般若而名为般若。至于文字,约它的能诠实相,及借此能诠教而起观,得证实相——般若,所以也就从所诠而名为般若。

般若,本是世间旧有的名词,指智慧而言。但佛陀所要开示的,即正觉现证的——能所不二的实相,本非世间"般若"的名义所能恰当,但又不能不安立名言以化导众生。从由观慧为方便而可能到达如实证知的意义说,还是采用"般若"一名。不过,虽称之为般若,而到底不很完备的,所以《智论》说:"般若定实相,智慧浅薄,不可以称。"

（三）般若何用：从般若是实相说,这是万化的本性——一切法毕竟空故,世出世法无不依缘而成立。这是迷悟的根源——众生所以有迷有悟,凡夫所以有内有外,圣人所以有大有小、有究竟有不究竟,皆由对于实相的迷悟浅深而来,所以本经说："一切贤圣皆以无为法而有差别。"

从般若是观慧与实相相应慧说,可有二义：（1）证真实以脱生死：一切众生,因不见性空如实相,所以依缘起因果而成为杂染的流转。要解脱生死,必由空无我慧为方便。这观慧,或名正见,或名正观,或名正思惟,或名毗钵舍那,或名般若。从有漏的闻思修慧,引发能所不二的般若,才能离烦恼而得解脱。解脱道的观慧,唯一是空无我慧,所以说："离三解脱门,无道无果。"（2）导万行以入智海：大乘般若的妙用,不仅为个人的生死解脱,而重在利他的万行。一般人修布施、持戒等,只能感人天善报,不能得解脱,不能积集为成佛的资粮。声闻行者解脱了生死,又缺乏利济众生的大行。菩萨综合了智行与悲行,以空慧得解脱；而即以大悲为本的无所得为大方便,策导万行,普度众生,以此万行的因花,庄严无上的佛果。要般若通达法性空,方能摄导所修的大行而成佛。这二种中,证真实以脱生死,是三乘般若所共的；导万行以入智海,是菩萨般若的不共妙用。

（四）般若属谁：约实相般若说,这是三乘所共证的,即属于三乘圣者。约观慧般若说,如约解脱生死说,般若即通于三乘。所以经中说："欲学声闻地,当应闻般若波罗蜜。欲学辟支佛地,应闻般若波罗蜜。欲学菩萨地,亦当应闻般若波罗蜜。"但佛说《般若波罗蜜经》，实为教化菩萨，即属于菩萨。如本经说：
"为发大乘者说，为发最上乘者说。"《解深密经》也说：第二时教
"惟为发趣修大乘者说"。不过，佛说般若，虽说但为菩萨，而也
有二乘在座旁听。经说：要得二乘果，必须学般若。这固然是三
乘同入一法性，也即是解脱生死的不二门——空无我慧；然也就
是密化二乘，使他们听闻大乘胜法，久久熏习成熟，即可宣告
"汝等所行是菩萨道"，而回心向大了。所以般若是"通教三乘，
但为菩萨"。从前，成论大乘师说：般若是通教，不够深刻；唯识
大乘师说：般若但为菩萨，不够普遍。总之，照他们看，般若是不
究竟，"通"又不好，"但"又不好，这可说是"般若甚深，诸多留
难"！哪里知道般若通教三乘，但为菩萨，深广无碍，如日正中！
这所以般若于一切大乘经中，独名为大！

　　般若属于菩萨，为什么不属于佛？约般若唯一而贯彻始终
说，如来当然也有般若。不过，佛说般若，重在实相慧离言发悟，
策导万行。般若"以行为宗"，所以与侧重境相而严密分析、侧
重果德而拟议圆融者不同。

　　三、波罗蜜：梵语波罗蜜，译为到彼岸，简译为度。到彼岸，
是说修学而能从此到彼，不是说已经到了。所以，重在从此到彼
的行法，凡可由之而出生死到菩提的，都可以称为波罗蜜。经中
或说六波罗蜜，或说十波罗蜜，但真实的波罗蜜唯是般若，其他
都是假名波罗蜜。因为，没有空慧策导，布施等即不成为波罗蜜
了。声闻乘法，能度生死河到涅槃岸，为什么不名波罗蜜？因
为，波罗蜜又有"事究竟"的意义，所以要能究尽诸法实相，圆成
自利利他的一切功德，才名为波罗蜜。声闻的三无漏学，不能究

竟,所以不名为波罗蜜。

四、经:梵语修多罗,译为经。本义是线,线有贯穿、摄持不令散失的作用。如来随机说法,后由结集者把它编集起来,佛法才能流传到现在;如线的贯花不散一样,所以名为经。

《金刚般若波罗蜜经》,有两系解说不同:(一)玄奘等传说:般若是能断的智慧,金刚如所断的烦恼。烦恼的微细分,到成佛方能断净,深细难断,如金刚的难于破坏一样。所以,译为"能断金刚(的)般若"。(二)罗什下的传说:金刚比喻般若。般若能破坏一切戏论妄执,不为妄执所坏;它的坚、明、利,如金刚一样。然金刚本有两类:一是能破一切而不为一切所坏的,一是虽坚强难破而还是可以坏的,已如前面所说。所以,或以金刚喻般若,或以金刚喻烦恼,此两说都是可通的。不过,切实地说,应该以金刚喻般若。考无著的《金刚经论》说:(一)如金刚杵的"初后阔,中则狭";这是以金刚喻信行地、净心地及如来地的智体的。(二)金刚有遮邪显正二义,不但比喻所遣的邪行,它也是"细牢"的——"细者智因故,牢者不可坏故",比喻坚实深细的智因——实相。无著并没有金刚必喻烦恼的意义,所以法相学者译为"能断金刚般若",值得怀疑! 至少,这不是梵本的原始意义。

般若有二类:一、拙慧:这是偏于事相的分析,这是杂染的,这是清净的;这是应灭除的,这是应证得的;要破除妄染,才能证得真净。这如冶金的,要炼去渣滓,方能得纯净的黄金。二、巧慧:这是从一切法本性中去融观一切,观烦恼业苦当体即空,直显诸法实相,实无少法可破,也别无少法可得,一切"不坏不失"。如有神通的,点石可以成金。又如求水,拙慧者非凿开冰层,从冰下去求水不可;而巧慧者知道冰即是水,一经般若烈火,冰都是水了。所以,巧慧者的深观,法法都性空本净,法法不生不灭如涅槃,法法即实相,从没有减什么增什么。这不增不减、不失不坏慧,即金刚般若。

般若为大乘道体,为五度眼目;为般若所摄持,万行始能到达究竟佛果,成为波罗蜜。然而,般若也需要众行的庄严,如没有众行助成,般若也即等于二乘的偏真智,不成其为波罗蜜。所以,般若为菩萨行的宗主,而又离不了万行。龙树因此说:说般若波罗蜜,即等于说六波罗蜜。

发菩提心者,能以如金刚的妙慧,彻悟不失不坏的诸法如实相,依菩萨修行的次第方便,广行利他事业,则能到达究竟彼岸——无上菩提,所以名为金刚般若波罗蜜。以文句安布,诠表这甚深法门,所以又称之为经。

二 示宗要

全经大义,再扼要地提示二点:一、金刚般若即无上遍正觉:本经以金刚般若为名,而内容多明阿耨多罗三藐三菩提。如佛为须菩提说如此发心,直至究竟菩提,彻始彻终地归宗于离相无住。说无上遍正觉为"是法平等无有高下"、"于是法中无实无虚",都是从般若无住以开示无上遍正觉。般若无所住,无所住而生其心;不取诸相,即生实相,即名为佛。须知般若无住的现觉,即离相菩提的分证。依此观究竟,究竟也如是;依此观初心,初心也还如此。所以，处处说无上遍正觉，实在即是处处说金刚般若。不过，约修行趋果说，名之为般若无所住；约望果行因说，名之为离相菩提心而已！

二、二道即五种菩提：本经初由须菩提问佛："发阿耨多罗三藐三菩提心，应云何住？云何降伏其心？"经佛解说后，须菩提又照样地再问一遍，佛答也大致相同。所以，本经明显地分为两段。《大般若经》有两番嘱累，《智论》说："先嘱累者，为说般若波罗蜜体竟；今以说令众生得是般若方便竟，嘱累。"智者即曾依此义，判本经的初问初答为般若道，后问后答为方便道。此二道的分判，极好！

二道，为菩萨从初发心到成佛的过程中所分的两个阶段。从初发心，修空无我慧，到入见道，证圣位，这一阶段重在通达性空离相，所以名般若道。彻悟法性无相后，进入修道，一直到佛果，这一阶段主要为菩萨的方便度生，所以名方便道。依《智论》说：发心到七地是般若道——余宗作八地，八地以上是方便道。般若为道体，方便即般若所起的巧用。

般若即菩提，约菩提说，此二道即五种菩提。一、发心菩提：凡夫于生死中，初发上求佛道、下化众生的大心，名发阿耨多罗三藐三菩提心，所以名为发心菩提。二、伏心菩提：发心以后，就依本愿去修行，从六度的实行中渐渐降伏烦恼，渐与性空相应，所以名为伏心菩提。三、明心菩提：折伏粗烦恼后，进而切实修习止观，断一切烦恼，彻证离相菩提——实相，所以名为明心菩提。这三种菩提即趣向菩提道中由凡入圣的三阶，是般若道。这时，虽得圣果，还没有圆满，须继续修行。明心菩提，望前般若道说,是证悟;望后方便道说,是发心。前发心菩提,是发世俗菩提心;而明心菩提是发胜义菩提心。悟到一切法本清净,本来涅槃,名得真菩提心。四、出到菩提:发胜义菩提心,得无生忍,以后即修方便道,庄严佛国,成熟众生;渐渐地出离三界,到达究竟佛果,所以名为出到菩提。五、究竟菩提:断烦恼习气究竟,自利利他究竟,即圆满证得究竟的无上正等菩提。如上所说:二道各有三阶,综合凡五种菩提,总括了菩提道的因果次第。明白此二道、五菩提,即知须菩提与佛的二问二答,以及文段次第的全经脉络了!

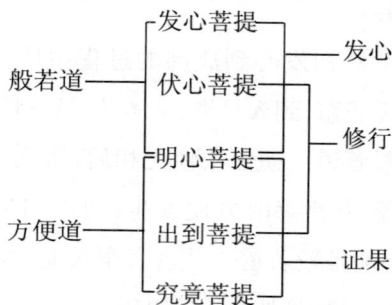

```
                  ┌── 发心菩提 ──┐
                  │              ├── 发心
   般若道 ────────┤── 伏心菩提 ──┤
                  │              │
                  ├── 明心菩提 ──┤── 修行
                  │              │
   方便道 ────────┤── 出到菩提 ──┤
                  │              ├── 证果
                  └── 究竟菩提 ──┘
```

三　叙传译

本经的译者,是姚秦时来华的鸠摩罗什三藏。我国朝代称秦的,不止一国一代,以帝王的姓氏去分别,即有嬴秦、苻秦、姚秦、乞伏秦等。姚秦,为五胡十六国之一。三藏,即经、律、论,能通达三藏自利利人,所以尊为三藏法师。鸠摩罗什,译为童寿。父亲是印度人,后移居龟兹国;母亲是龟兹国的公主。母亲生他不久，即出家做了比丘尼，什公也就出家。幼年，到北印的迦湿弥罗修学声闻三藏。回龟兹时，经过莎车国，遇到大乘学者须利耶苏摩，于是回小向大。到得龟兹，已是英俊饱学的法师了。苻秦王苻坚，派吕光攻略龟兹，迎什公来华。吕光攻破龟兹，护送什公回国，在半路上，听说苻坚在淝水战败，吕光即宣告独立，国号西凉，在今甘肃西部。等到姚秦兴起，国王姚兴信奉佛法，特派大兵攻西凉，这才迎什公到了长安。当时，佛教的优秀学者都集中到长安，从什公禀受大乘佛法。什公一面翻译，一面讲学。所翻的大乘经论很多，如《般若》、《法华》、《净名》、《弥陀》等经，《智度》、《中》、《百》、《十二门》等论，信实而能达意，文笔又优美雅驯，在翻译界可说是第一流最成功的译品。所以，什公的译典，千百年来受到国人的推崇，得到普遍的弘扬。

本经，什公第一次译出。除这，还有五种译本，就是：元魏菩提留支的第二译，陈真谛的第三译，隋达摩笈多的第四译，唐玄奘的第五译，唐义净的第六译。在六译中通常流通的，即是什公的初译。其后的五译，实是同一法相学系的诵本；如菩提留支译、达摩笈多译等，都是依无著、世亲的释本而译出。唯有什公所译，是中观家的诵本，所以彼此间每有不同之处。要知道印度原本，即有多少出入；如玄奘译本也有与无著、世亲所依本不同处。这点，读者不可不知！

正　　释

甲一　序分

乙一　证信序

如是我闻：一时，佛在舍卫国祇树给孤独园，与大比丘众千二百五十人俱。

　　本经略分序、正、流通三分。叙述一期法会的因由，名序分。正式开显当经的宗要，名正宗分。赞叹或嘱累流通到未来，名流通分。序分又分证信及发起二序，今先讲证信序。

　　如是，指这部经。我，是结集者自称。闻，是从佛陀亲闻，或佛弟子间展转传闻。结集者说：佛如此说，我如此听；现在就我所听来的又如此诵出，真实不虚，一一契合于佛说。依《智论》说：如是，表信：信得过的就说如是，信不过的就说不如是。佛法甚深，"信为能入"，如没有真诚善意的信心，即不能虚心领会。如是又表智慧：有智者能如佛所说，不违真义，即可止息戏论与诤竞。修学佛法，以信智为根本：无信如无手，不能探取佛法宝藏；无智如无目，不能明达佛法深义。经文首举如是，即表示唯有信智具足，才能深入佛法，得大利益。

一时，泛指某一时候，即那一次说法时。因各地的时间不一，历法不同，不能定说，所以泛称为一时。

佛，意译为觉者，是无上正遍觉者。佛陀创觉了诸法实相，即缘起性空的中道。又从自证中，大悲等流，为众生开示宣说，以觉悟在迷的众生。所以，佛是大智慧、大慈悲的究竟圆满者。

舍卫，本是城名，应称为憍萨罗国舍卫城。但古代城邦国家的遗习，每以城名为国名，憍萨罗国的首都在舍卫，所以也称为舍卫国。舍卫，是闻物的意思，以此城的政治、文化、物产等都很发达，为全印度所闻名的，所以立名为舍卫。

祇树给孤独园，是城外如来居住与说法的地方。如来常住说法，除摩伽陀王舍城外的竹园而外，要算在祇树给孤独园的时候最久了。园是给孤独长者——须达多发心修盖供养的；树是波斯匿王王子祇陀奉施的。祇陀的树林，给孤独长者的园，所以总名为祇树给孤独园。僧众的住处，名为僧伽蓝，即僧园。园，不但是林园，僧众的智德并茂，大德辈出，好像园林的花木繁茂、馥郁芬芳一样。所以，僧伽的住处称为僧园。

大比丘众千二百五十人，是听法的常随众。佛在鹿苑，初度憍陈如等五比丘；接着又有耶舍等五十多人，随佛出家；三迦叶率领他的徒众从佛出家，就有一千多众了；王舍城的舍利弗、目犍连，又带了二百五十弟子来出家；于是佛的初期出家弟子，就有千二百五十人了。这千二百五十人，不一定在佛前，像舍利弗等大弟子常时分化一方。经中多标千二百五十人，不过约最初从佛出家者而说。其实，未必全都来会，而新进的比丘极多，又何止千二百五十人？佛的出家弟子，本有比丘、比丘尼、沙弥、沙弥尼、式叉摩那等五众。但因佛现比丘身，所以住持佛法以比丘为主。本经的听众，除比丘而外，也应该还有比丘尼等，在家的优婆塞、优婆夷，以及护法的天龙等，如流通分所说可知。不过在这证信序中，没有一一序列出来罢了。比丘，译为乞士，就是"外乞食以养色身，内乞法以资慧命"。此千二百五十比丘，都是大阿罗汉，所以说大比丘众。众，即僧伽的意译。千二百五十人的僧团，同住祇园，所以叫俱。严格地说：和合僧——众的形成，论事要具备六和合，论理要同得一解脱，这才称为俱。

佛是化主，祇树给孤独园是化处，大比丘等是化众。具备这种种因缘，本经是佛所说的，可以确信无疑了，所以称这为证信序。

乙二　发起序

尔时，世尊，食时，着衣持钵，入舍卫大城乞食。于其城中次第乞已，还至本处。饭食讫，收衣钵。洗足已，敷座而坐。

尔时，指将启金刚法会那一天。世尊，是佛的通号之一，即梵语薄伽梵。佛的功德智慧，究竟无上，不但为世间的人天所尊重，也是出世的三乘圣者所尊敬的，所以名为世尊。食时，约为上午九或十点钟。佛及比丘们，过着乞食的生活，又受过午不食戒。所以，进城去乞食，总在那个时候。佛见乞食的时候到了，所以着衣持钵进城去。佛制：衣有五衣、七衣、大衣三种。五衣名安荼会，不论睡觉做事，就是大小便，也不离身，这是内衣。七衣名郁多罗僧，即入众的常礼服，在大众中所穿。大衣名僧伽黎，即复衣，在乞食、说法等时所穿的，是佛教大礼服。此处着衣,即大衣。但不定是穿了走,或担在肩头,或由侍者拿着,到城村附近才穿起来。钵是盛饭的器具,意译为应量,即随人的食量而有大小不同。佛用的钵,传说是石钵。成道后,有商人奉麨供佛,但没有食器。四天王各献一石钵,佛就合四为一钵,所以佛钵的钵沿有四层叠痕。给孤独园在城外,所以说入城乞食。于其城中次第乞已,是叙述乞食的经过。佛教的乞食制度,是平等行化;除不信三宝不愿施食者而外,不得越次而乞,以免世俗的讥毁。乞食以后,即回祇园吃饭。饭吃好了,这又把进城所着的大衣、盛放饭食的钵,一一地整洁收起。入城乞食是赤足的,路上来回,不免沾染尘埃;佛陀行同人事,所以需要洗足。敷座而坐,并非闲坐,是说随即敷设座位,端身正坐,修习止观。如上所说的,乞食属于戒;坐属于定;正观法相属于慧。又,来往于祇园及舍卫城中,是身业;入定摄心正观,是意业;下面出定说法,即语业。三业精进,三学相资,为宣说《金刚般若经》的缘起。

大乘经每以佛陀放光、动地等为发起,而本经却以入城乞食为开端。《般若经》的中心思想,在悟一切法无自性空,离种种妄执。但不得性空的实义者,信戒无基,妄想取一空,以为一切都可不必要了。不知佛说性空,重在离执悟入,即离不了三学;假使忽略戒行、定慧而说空,决是"恶取空者"。从体悟说:性空离相,不是离开了缘起法,要能从日常生活中去体验。所以,穿衣、吃饭、来往、安坐,无不是正观性空的道场! 佛将开示般若的真空,所以特先在衣食住行的日常生活中,表达出性空即缘起、缘起即性空的中道。

甲二　正宗分

乙一　般若道次第

丙一　开示次第

丁一　请说

时长老须菩提,在大众中,即从座起,偏袒右肩,右膝着地,合掌恭敬而白佛言:"希有世尊! 如来善护念诸菩萨,善付嘱诸菩萨! 世尊! 善男子善女人发阿耨多罗三藐三菩提心,应云何住? 云何降伏其心?"

本经以须菩提为当机者。在般若法会中,须菩提是声闻行者,不是菩萨,那他怎能与佛问答大乘呢? 这因为般若虽但为大乘,而密化二乘。又因为他与般若法门相契:第一,他是解空第一者,是证得无诤三昧者,于性空深义能随分彻了。其次,他有慈悲心,哀愍众生的苦迫,所以不愿与人诤竞。得大智慧,能从慈悲心中发为无诤的德行,有菩萨气概,所以《般若经》多半由他为法会的当机者。

长老,是尊称。凡年高的或德高的,如净持律仪、悟解深法、现证道果,都称长老。须菩提,是梵语,译作空生或善现。传说他诞生时,家内的库藏财物忽然不见;不久,财物又自然现出,所以立名须菩提。佛弟子请佛说法,是有应行礼仪的。所以须菩提在大众中,即从座而起,偏袒了右肩,右膝着地,合掌问佛。袒,是袒露肉体。比丘们在平时,不论穿七衣或大衣,身体都是不袒露的。要在行敬礼时,这才把右肩袒露出来。跪有长跪、胡

跪,右膝着地是胡跪法。袒右跪右,以表顺于正道;合掌当胸以
表皈向中道。如论事,这都是印度的俗礼。

　　须菩提随顺世俗,先赞叹释尊说:太希有了!世尊!如来善
于护念诸菩萨,又能善巧地付嘱诸菩萨!这太希有了!如来,即
佛号多陀阿伽陀的意译。梵语本有三种意思:即从如实道中来
的,如法相而解的,如法相而说的;通常但译为如来。什么叫护
念?什么叫付嘱?护念即摄受,对于久学而已入正定聚的菩萨,
佛能善巧地摄受他,使他契入甚深的佛道,得如来护念的究竟利
益。经说菩萨入地,有佛光流灌或诸佛亲为摩顶等,即是心同佛
心而得佛慧摄受的明证。付嘱,即叮咛教诫,对于初学而未入正
定聚的菩萨,佛能善巧教导,使他不舍大乘行,能勇猛地进修。
又可以说:佛能护念菩萨,使他自身于佛法中得大利益;佛能付
嘱菩萨,使他能追踪佛陀的高行,住持佛法而转化他人。总之,
佛能护念菩萨、付嘱菩萨,所以大乘佛法能流化无尽。教化菩萨
的善巧,早为须菩提所熟知,所以先就此推尊赞扬如来,以为启
问大乘深义的引言。有解说为:须菩提"目击道存","言前荐
取",所以殷勤赞叹,这可说是别解中极有意义的。

　　接着,须菩提问佛:发阿耨多罗三藐三菩提心的善男女们,
应怎样的安住其心?怎样的降伏其心?此二问,是为发大菩提
心者问的,所以什么是发阿耨多罗三藐三菩提心,应先有明确的
了解。阿耨多罗,译为无上;三藐,译遍正;三菩提,译觉:合为无
上遍正觉。这是指佛果的一切,以佛的大觉为中心,统摄佛位一
切功德果利。单说三菩提——正觉,即通于声闻、缘觉,离颠倒
戏论的正智。遍是普遍,遍正觉即于一切法的如实性相,无不通

达。但这是菩萨所能分证的,唯佛能究竟圆满,所以又说无上。众生以情爱为本;佛离一切情执而究竟正觉,所以以大觉为本。发阿耨多罗三藐三菩提心,即是发成佛的心。发心,即动机、立志,通于善恶;发阿耨多罗三藐三菩提心,即是第一等的发心。以崇高、伟大、无上、究竟的佛果为目标,发起宏大深远的誓愿,确立不拔的信心,这名为发无上遍正觉心。但是,为什么要成佛? 要知道,大菩提心是从大悲心生的,所以发心成佛与救度众生有必然的关系。经上说:"菩萨但从大悲心生,不从余善生";"为利众生而成佛",都是此意。由于悲心的激发,立定度生宏愿,以佛陀为轨范,修学大悲大智大勇大力,以救度一切众生,名为发菩提心。因此,如贪慕成佛的美名,但为个己的利益,那是菩提心都不会成就,何况成佛!

应云何住与云何降伏其心,可通于二义:一、立成佛的大愿者,应当怎样安住,怎样降伏其心? 二、怎样安住,怎样降伏其心,才能发起成就菩提心? 住,龙树释为"深入究竟住"。凡发大菩提心者,在动静、语默、来去、出入、待人接物一切中,如何能使菩提心不生变悔,不落于小乘,不堕于凡外,常安住于菩提心而不动? 所以问云何应住。众生心中,有种种的颠倒戏论,有各式各样的妄想杂念,这不但障碍真智,也是菩提心不易安住的大病。要把颠倒戏论一一洗净,所以问云何降伏其心。住是住于正,降伏是离于邪;住是不违法性,降伏是不越毗尼。但此住与降伏,要在实行中去用心。如本经即在发菩提心——愿菩提心、行菩提心、胜义菩提心等中,开示悟入此即遮即显的般若无所住法门。无住与离相,即如是而住,即如是降伏其心。

什公所译,唯有此二问。此二——住与降伏,于菩提心行上转;全经宗要,不过如此住于实相而离於戏论而已。诸异译,于住及降伏间,更有"云何修行"一问。考无著论,此三问遍通于一切,即于发心——发起行相,及修行——行所住处,都有这愿求的住、无分别相应的行、折伏散乱的降伏,与本译意趣相近。世亲释论,将此三问别配三段文,隔别不融,与本译即难于和会。

丁二　许说

佛言:"善哉! 善哉! 须菩提! 如汝所说'如来善护念诸菩萨,善付嘱诸菩萨'。汝今谛听,当为汝说。善男子善女人发阿耨多罗三藐三菩提心,应如是住,如是降伏其心!""唯然,世尊! 愿乐欲闻!"

佛听了须菩提的赞叹与请问,就印可赞叹他说:好得很! 好得很! 你说得真不错! 如来的确是能善巧护念诸菩萨,能善巧付嘱诸菩萨的。现在,我要给你说发大菩提心的,应当这样的安住,应当这样的降伏其心。你仔细听吧! 须菩提得到了如来的应允,欢喜地回答说:是的,世尊! 我们都愿意听你的教诲!

如是住及如是降伏其心,约全经文义次第说,当然是指如来下文开示。但古德曾解说为:如上文所说的——乞食、着衣、持钵、入城、洗足等,那样安住,那样降伏其心。须菩提的"唯然",即契见如来的深意,这真是富有新意的别解!

丁三　正说

戊一　发心菩提

佛告须菩提:"诸菩萨摩诃萨应如是降伏其心:所有一切众生

之类——若卵生,若胎生,若湿生,若化生;若有色,若无色;若有想,若无想,若非有想非无想,我皆令入无余涅槃而灭度之。如是灭度无量无数无边众生,实无众生得灭度者。何以故?须菩提!若菩萨有我相、人相、众生相、寿者相,即非菩萨。

发心菩提,即初发为度众生而上求佛道的大愿,也称为愿菩提心。自所有一切众生之类至而灭度之,是菩萨的大悲心行。自如是灭度至即非菩萨,是与般若无相相应,要这样降伏其心,安住其心,悲愿为本的菩提心才能成就,而成为名符其实的菩萨。

菩萨,是菩提萨埵的简称。萨埵是众生——新译有情,菩提是觉。发心上求大觉的众生,或上求大觉、下化众生的,名为菩萨。菩萨以菩提心为本,离了菩提心,即不名为菩萨。摩诃萨,是摩诃萨埵的简称。摩诃译为大;菩萨在一切众生——凡夫、小乘中为上首,所以名摩诃萨。还有,萨埵,在凡夫以情爱的冲动为中心,生存斗争,一切互相的争执、残杀,都由此情爱的妄执所引发。众生的情爱胜于智慧,所以一言一动,都以一己、一家、一族、一国的利益为前提,甚而不顾众生多数的福乐。菩萨发菩提心,以智慧净化情爱,发为进趣菩提、救度众生的愿乐;于是乎精进勇猛地向上迈进,但求无上的智慧功德,但为众生的利益,此心如金刚,勇健、广大,所以又名摩诃萨埵(萨埵即勇心)。应如是降伏其心,即于菩萨应发的度生大愿中,不著一切众生相。

所有一切众生之类,是总举一切众生。众生是五众和合、生死流转的众生。一切众生,可以分作三类说:一、从众生产生的方式说,有四种:卵生,如飞禽等。先由母体生卵,与母体分离,再加孵化而产生。胎生,如人、兽等。起先也类似卵,但不离母体,一直到肢体完成,才离母体而生。湿生,如昆虫等。先由母体生卵,离母体后,只摄受一些水分及温度,经过一变再变,才达到成虫阶段。化生,如天上的众生,都是由业力成熟而忽然产生的。二、从众生自体的有没有色法——物质说,有二类:有色的,如欲界与色界的众生。无色的,是无色界众生。关于无色界,有说是没有粗色,细色是有的;有说细色也没有,仅有心识的活动。三、从众生的有没有心识说,有三类:有想的,如人类及一般的天趣。无想的,这是外道无想定的果报,名无想天。这无想的众生,有说只是没有粗显的心识,微细的心识是有的;有的说什么心识也不起。非想非非想的,是无色界非想非非想处的众生。他实在是有想的,但印度某些宗教师以为到达非想非非想处,就是涅槃解脱了。所以,佛法中称之为非想非非想,即虽没有粗想——非有想,但还有细想——非无想;还取著三界想,没有能解脱呢!

发菩提心,本经以大悲大愿去说明;可见离了大悲大愿,即没有菩萨,也没有佛道可成。以度生为本的菩提心,第一,是广大的:不但为一人,一些人,或一分众生,而是以一切众生为救拔的对象。又是彻底的:众生的苦痛无边,冷了给他衣穿,饿了给他饭吃,病了给他医药,都可解除众生的痛苦;政治的修明、经济的繁荣、学术的进步,也着实可以减轻众生的痛苦。但苦痛的根源没有拔除,都是暂时的、局部的,终非彻底的救济。所以,菩萨的大菩提心,除了这些暂时的局部的而外,要以根本解脱的无余涅槃去拯拔众生。涅槃为名词,指解脱生死苦迫的当体;灭度是动词,即使众生于涅槃中得到众苦的解脱。涅槃本不可说一说多,然依世俗施设来说,即有凡外与佛法的不同。世俗有人说:冷了饿了,有饥寒的苦迫;如生活富裕,丰衣足食,这就是涅槃。涅槃的字义有消散的意思,即苦痛的消除而得自在。所以俗人拍着吃饱的肚子说:这就是涅槃。有些外道,以四禅八定为涅槃;不知这只是定境的自我陶醉,暂时安宁,不是彻底的。佛法说涅槃,有二:一、有余(依)涅槃:通达一切法的寂灭性,离烦恼而得到内心的解脱,即是涅槃。但由前生惑业所感的果报身还在,从身体而来的痛苦还未能解除。所以,即使是阿罗汉,饥寒老病的身苦,还是一样的。二、无余(依)涅槃:无学舍身而入无量无数的法性,不再有物我、自他、身心的拘碍,名为无余。菩萨发愿度生,愿使每一众生都得此究竟解脱,所以说:我皆令入无余涅槃而灭度之。无余涅槃,为三乘圣者所共入,菩萨也会归于此。菩萨安住无住大涅槃,即此无余涅槃的无方大用,能悲愿无尽,不证实际罢了!本经以无余涅槃度脱一切众生,即本于三乘同入一法性、三乘同得一解脱的立场;也就因此"通教三乘"而"但为菩萨"。

　　菩萨愿灭度无限量、无计算、无边际的众生,但在菩萨的菩提心行中,不见有一个众生得灭度的。《般若经》也说:"我当以三乘法拔济一切有情,皆令于无余涅槃界而般涅槃;我当虽以三乘灭度一切有情,而实不见有情得灭度者。"何以不见有情?因菩萨观缘起相依相成,无自性可得,通达自身众生身为同一空寂性,无二无别,不见实有众生为所度者。必如此,才是菩萨的大菩提心,才能度一切众生。否则,即执有我相、人相、众生相、寿者相,离空无我慧——般若的悲愿,即不能降伏其心而安住菩提心了,即不成其为菩萨了!

通达我、人、众生、寿者的无相,即般若慧的妙用。在大乘行中,般若是遍通一切的,不论四摄、六度、三解脱、四无量以及一切智、一切种智,无不以般若慧而彻悟它的空无自性。所以,菩提心是即空的菩提心,与菩提心相应的悲愿,即无缘大悲。见到众生的痛苦,生起济拔的恻隐心,以世间的财法去救济他,是众生缘悲。如见众生为相续、和合的假我,法生苦生,法灭苦灭,因而起悲济心,是法缘悲。如能观诸法从缘,都无真实的自性,悟入法性空,缘即空而缘起的假我,生大悲心,愿度如幻众生,这是无缘大悲。无缘大悲,即与般若相应的大悲。悟了众生空寂无自性,所以虽度脱一切而实无众生得灭度者。如海中印现的明月,由于风吹波动而月相不见了。从它的不见说,好似灭去了,其实哪有自体可灭呢! 发心菩提,重在发愿度生,所以也就重于我空。

我、人、众生、寿者,都是众生的异名;《般若经》中有十六种异名,都不外从众生的某一特性而立名,众生即执此为实有。我,是主宰义,即每一众生的行动,常人都有自己作主与支配其他(宰)的意欲,所以称为我。人,行人法,所以名为人。众生,约现在说:即五众和合生的——有精神与物质和合的;约三世说:即由前生来今生,今生去后生,不断地生了又死,死了又受生,与补特伽罗的意义相合。寿者,说众生的从生到死,成就命根,有一期的生命相续。以般若正观,即无我、人、众生、寿命的实性可得。但在五众和合的缘起法中,有无性从缘的和合相续——假我;依此假名众生,成立业果相续,生死轮回。众生不知无我而执为实有我及我所,所以起惑造业,生死不了;如达自性空而离自我的妄执,即能解脱而入无余涅槃。

菩萨发菩提心,以大悲为根本,即菩提心由大悲而发起;大悲所发的菩提心,非般若空无我慧不得成就,即要以般若为方便。悲心不具足而慧力强,要退堕声闻乘的;慧力不足而悲心强,要流于世俗而成所谓"败坏菩萨"的。必须大悲、般若相辅相成,才能安住菩提而降伏其心。《般若经》说:"一切智智相应作意(即菩提心),大悲为上首,无所得——即般若空慧为方便。"发菩提心者,不可不知!

戊二　伏心菩提

复次,须菩提!菩萨于法应无所住行于布施,所谓不住色布施,不住声、香、味、触、法布施。须菩提!菩萨应如是布施,不住于相。何以故?若菩萨不住相布施,其福德不可思量。须菩提!于意云何?东方虚空可思量不?""不也,世尊!""须菩提!南、西、北方、四维、上、下虚空可思量不?""不也,世尊!""须菩提!菩萨无住相布施,福德亦复如是不可思量。须菩提!菩萨但应如所教住!

发菩提心,不单是心念而已,要有踏实的事行去救众生。从救度众生中,降伏自己的烦恼,深入清净的实相,达到自利利他的圆成。所以,在发心菩提——愿心菩提以后,应进而修行——行心菩提,渐能折伏烦恼使不现行,七地以前,名为伏心菩提。

　　论到菩萨的修行，总括地说，不外乎六波罗蜜。此六度以般若为导，而实彼此相应相摄，一波罗蜜即具足一切波罗蜜。本经发菩提心，以大悲度众生为首，这与布施——以自己所有的给予众生，使他离苦得乐，尤为吻合，故本经即以布施为主而统摄利他的六度行。布施如何能摄六度？布施有三：一、财施：以财物赒济人是财施，以体力甚至牺牲生命去救助人，也是财施。所不同的是，衣食等财物为外财施，体力、心力以及生命等为内财施。这财施，即狭义的施波罗蜜。二、无畏施：令众生离诸怖畏，这就是持戒与忍辱二波罗蜜。持戒，能处众不碍大众，不使人受到威胁不安。如杀人者，使人有生存的威胁；偷盗者，使人有外命（财物）丧失的恐怖等。如能受持禁戒，洁身自守，即不会侵害他人，能使人与人间相安无事了。但人类个性不一，你以戒自守，他却以非礼待你；如不能感化或设法避免，不能忍受而冲突起来，仍不免相杀相夺，造成人间的恐怖。必须以戒自守——克己，又以忍宽容他人——恕人，才能做到无畏施。三、法施：即精进、禅定、般若三波罗蜜。般若是明达事理的，没有智慧，即落于颠倒二边，不知什么是佛法？是邪是正？那怎能救人？禅定是鉴机的，如内心散乱，贪著世间，我见妄执，即不能洞见时机，不知众生的根性，即不能知时知机而给予适宜的法药。精进是雄健无畏的，有了精进，才能克服障难，诲人不倦，利人不厌。这样，六波罗蜜统摄于布施，为菩提行的根本了。要救众生，不能不牺牲自己去利他——布施：这必须具足物质救济，以达到众生生活等的满足；必须以戒忍的精神，达到人与人间和乐安宁；又必须以进、定、慧的教化，革新众生的思想意志，而使之归于中道。从前,僧团中的"利和同均"、"戒和共遵"、"见和无净",也即是六度精神的实施!

佛对须菩提说:菩萨行布施——六度利他时,于法应无所住行于布施。这即是说:不要住于色境而行布施,不要住于声境乃至法境而行布施。于法应无所住的法,指一切法说;香味触法的法,但指意识所对的别法尘。住,是取著不舍的意思。众生在六尘境——认识的一切上起意识时,都有自性的执见,以色为实色,以声为实声,总以为是确实如此存在的。因为取著六境,即为境所转而不能自在解脱。菩萨为度众生而行布施,对于施者、受者、施、施时、施处、施因、施果这一切,当然要能远离自性的妄取,能不著相而布施,才能真实利济众生。否则,觉得有我是能施,他是受施,所施物如何如何,希望受者的报答,希望未来的福报,甚至因而贡高我慢,这都从住于法相而生起来,这哪里还像菩萨行? 所以,佛对须菩提总结说:菩萨修行,应这样的不住于相——相即六尘境相,而行布施!

不住于相的布施,能降伏烦恼,能安住菩提心,而且所得的福德广大得不可思议! 有相布施不能通达三轮性空,所得功德即有限有量。无论功德多么大,总不过是人天有限的福报。但如能以般若相应而布施,将此布施融归于法性,回向于一切众生而同趋于大觉,功德即无限而不可思量。如以一滴水投入大海中,即遍大海的水性而不可穷尽。为了说明这个,佛便问须菩提说:你的意见怎样? 东方的虚空可思量吗? 南方、西方、北方的虚空,以及四维、上方、下方的虚空,可以思量吗? 须菩提一概否定说:不可。佛即说:既知道十方虚空是不可思量的,也应该知道菩萨不住相布施的功德,也同虚空一般的不可思量。这并不是以虚空的广大形容福德的广大,而是以虚空的无所有、不可住、不可著、不可说边际数量,如无相布施的自性不可得一样。菩萨是应该这样的安住,这样的行施,所以如来说:菩萨但应如所教住! 无相布施,指空相应布施,通达能施所施毕竟无自性的布施。即空如幻的布施,如此因,如此果,如此利他,如此自利,都法相宛然有而不失不坏。佛怕人以无记心布施,或执理废事,所以特举不可思量的功德以显示布施因果。

前发心菩提以愿度众生为主,所以与般若相应,即重在我空。伏心菩提以实行利济为主,所以与般若相应,即重在法空。

戊三　明心菩提

己一　法身离相而见

须菩提! 于意云何? 可以身相见如来不?""不也,世尊! 不可以身相得见如来。何以故? 如来所说身相,即非身相。"佛告须菩提:"凡所有相皆是虚妄;若见诸相非相,则见如来。"

明心菩提,约七地菩萨定慧均等、现证法性、得无生法忍而说。证法,即"见法","见法即见佛"。佛之所以为佛,即在究竟圆觉缘起空寂的中道;离此正觉,更没有什么奇特! 如能悟彻缘起法相的空寂,即与佛同一鼻孔出气。所以说:"见缘起即见法,见法即见佛",这才是真切见佛处。上面伏心菩提,广行利济众生,积集了无边的福智资粮;渐能悲智相扶,定慧均等,"方便成就",有力现证无分别法性了。因此,佛特举"见佛",问须菩提道:取著身相——三十二相、出入来去相、穿衣吃饭相、坐禅说法相,能正见如来吗？须菩提是过来人,所以说不可。从前,有一次佛从忉利天来下人间,人间的佛弟子都欢喜地去见佛。依次序,比丘应在比丘尼之先,但莲花色尼为了先得见佛,即化作转轮王,走在最前面。她以为最先见佛了,但佛对她说:不是你先见,"须菩提先见我身"。原来,那一次须菩提没有参加迎佛的胜会。当众人去见佛时,他想:佛曾说见法即见佛,我何不正观法相！于是他就观察诸法的从缘生灭,从无常为门而悟入诸法无性空,彻见了如来法身。须菩提曾有此体验,所以佛一提到,他就肯定地说:不可以身相得见如来。这些身相,都不过是假名如幻的妄相;佛的无尽庄严,也一样的绝无少许法可取可得。所以,佛说的身相,即非有身相的实性。如取著假相为佛,即不见如实空相,自也不能深见如来的所以为如来了！

须菩提但依身相的虚妄说,如来本此原理,又推进一层说:不但如来的身相是虚妄的,所有一切的法相,如山河大地器界相、凡外贤圣众生相、有碍可坏的色相、明了分别的心相,这一切无不是依缘起灭,虚妄不实的。虚妄的还他虚妄,如不执妄相自性为可见可得,即由诸相非相的无相门,契入法性空寂,彻见如来法身了！从缘起的虚诳妄取相看,千差万别;从缘起本性如实空相看,却是一味平等的。法性即一切法自性不可得而无所不在,所以也不须于妄相外另觅法身,能见得诸相非相,即在在直见如来。所以古人说:"山河及大地,全露法王身。"

般若道三阶:发心菩提重于愿,伏心菩提重在行,明心菩提重在证。又,初是住菩提心,中是修悲济行,后是悟如实义。初以般若扶大悲愿,中以般若导六度行,后是般若现证。虽各有所重,而菩提愿、悲济行与性空见,实是不可离的。

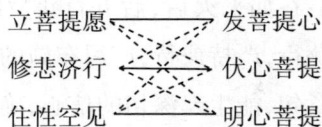

立菩提愿————→发菩提心

修悲济行 ←————→ 伏心菩提

住性空见 ←————→ 明心菩提

己二　众生久行乃信

庚一　问

须菩提白佛言:"世尊! 颇有众生得闻如是言说章句,生实信不?"

离一切相的现见法性,非凡常的名言思度可测,真所谓"甚深极甚深,难通达极难通达"的。所以,须菩提为末世众生着想,劝学此甚深法门,而启问如来:未来世中,众生听到这样甚深的法门——言说章句,能有生起真实信心的没有?

实信,在声闻法中,即证须陀洹,得四不坏信——四证净;大乘在见道净心地。这是般若相应的证信,非泛泛的仰信可比。由信顺而信忍,由信忍而达到信智一如的证信。论到证信,佛世即难能可贵了! 何况末世众生的福薄根钝呢? 须菩提举此一问,不但说明了能有信者,且说明了证信者的资格;而相似的信解,也知道应该如何了!

庚二　答

辛一　戒慧具足

佛告须菩提:"莫作是说! 如来灭后后五百岁,有持戒修福者,于此章句能生信心,以此为实。

般若法门虽极难信解，但自有利根障薄而智慧成就的众生，能信以为实。佛说：在如来灭后，后五百年岁时，多有大心众生出世，能发心学菩萨行，严持戒行，广习布施的利他福德，智慧深彻，于佛说的般若章句，能生起深切的信心，确信唯此般若法门，为不二的解脱门，能如实悟入深义。从历史上看：佛灭五百年后，迦腻色迦王治世的时代，大乘教法广大流行。《般若经》也说："五百年后，般若经于北方当作佛事。"所以，深信此难信法门，确乎是有的。不过，要有"戒足"、"慧目"；如不持戒、不修福、不习禅慧，即不能于这甚深法门，得如实信了！

辛二　久集善根

当知是人，不于一佛二佛三四五佛而种善根，已于无量千万佛所种诸善根。

此人所以能信解悟入甚深法门，因为在过去生中，已于无量千万佛所，积集深厚的善根了！过去生中，多见佛，多听法，常持戒，常修福，种得广大的善根，这才今生能一闻大法，就净信无疑，或一闻即悟得不坏净信。在同一法会听法，有的听了即深尝法味，有的听了是无动于衷；有的钻研教义，触处贯通，有的苦下功夫，还是一无所得；这无非由于过去生中多闻熏习，或不曾闻熏，也即是善根的厚薄。要知道：佛法以因果为本，凡能戒正、见正、具福、具慧，能信解此甚深法门，决非偶然，而实由于"夙习三多"。所以，佛法不可不学，不学，将终久无分了！

辛三　诸佛摄持

闻是章句乃至一念生净信者,须菩提! 如来悉知悉见;是诸众生得如是无量福德。

　　过去久种善根,今生能戒慧双修,听此深法能生清净信的,即为十方如来所知所见。如来知见,即上文的护念摄受。佛是大菩提的圆证者;菩提即智慧,菩萨即是具智慧分的,能与如来的大觉相契,所以能常在诸佛悲智的知见摄受之中。知而又见,即明是现量的真知灼见。众生能净信甚深法门,能为诸佛所护持,这是怎样大的福德呀!

辛四　三相并寂

何以故? 是诸众生无复我相、人相、众生相、寿者相,无法相,亦无非法相。何以故? 是诸众生,若心取相,则为著我、人、众生、寿者。若取法相,即著我、人、众生、寿者。何以故? 若取非法相,即著我、人、众生、寿者。是故不应取法,不应取非法。以是义故,如来常说:'汝等比丘! 知我说法如筏喻者,法尚应舍,何况非法!'

　　戒慧成就,久集善根者,为什么能得如来的护念,得无量福德呢? 这因为此类众生,已能无我相、人相、众生相、寿者相了;而且还没有法相及非法相。我、人等四相,合为一我相:无此我相,即离我相的执著而得我空。无法相,即离诸法的自性执而得法空。无非法相,即离我法二空的空相执而得空空。执我是我见,执法非法是我所(法)见;执有我有法是有见,执非法相是无见。般若离我我所、有无等一切戏论妄执,所以说"毕竟空中有无戏论皆灭"。能三相并寂,即能于般若无相生一念清净心。经上说:"一切法不信则信般若,一切法不生则般若生。"能契入离相,自能得如来的知见护念了。在"无非法相"句下,诸译本有"无想,无非想"二句。

悟解三空,方能于般若无相法门得清净信,此义极为重要。有以为我相可空而法相不空的;有以为我相空却,法相可以不必空,即是说:执著法有是不妨得我空的;或者以为我法虽空而此空性——诸法的究竟真实,是真常妙有的。现在说:如觉有真实的自性相,有所取著,那不论所著的是法相或空相,不但不悟法空与空空,也不得无我慧,必也是取著我等四相的。所以,我我所见,实为戏论的根源、生死的根源。如真能无我无我所,离一切我执,那也必能离法见、空见的妄执,而能"见诸相非相,即见如来"。这因为我空、法空、空空,仅是所遣执取的对象不同,"而自性空故"的所以空,并无差别。如烧草的火与焚香的火,草火香火虽不同,而火性是同一的。了解草火的性质,就能明白香火的性质。众生妄执自性相,即确实存在的——甚至是不变的,不待他的妄执。于众生的自体转,执有主宰的存在自体,即我执;于所取的法相上转,执有存在的实性,是法执;这是于有为法起执;如于无为空寂不生不灭上转,执有存在自性,即非法执。所以,执取法相而不悟法空,执非法相而不悟空空,终究是不能廓清妄执的根源,不知此等于不知彼,所以也不得我空了。

佛为弟子说法,多说众生由五众和合成;此五众,一切是无常生灭不安隐法,所以色非我非我所,受、想、行、识也非我非我所。无常故无我的教授，利根者当下能依无我无我所，彻见涅槃寂灭。既离我执，也不会再取法相及非法相。佛灭后，有的不能从无常无我中得毕竟空，转而执我无法有。对此执法众生，不得不广显法空。而或者又拨无我法的缘起，或取执空性为实有离言自性。这都是守指忘月，辜负佛恩！所以，本经又如实开示：不应取相，如执著法相非法相，即执著我相，是不能得无我慧而解脱的。

不要以为这是大乘不共妙门！这是如来的一道解脱门，所以提醒须菩提说：还记得吗？我在《筏喻经》中说："法尚应舍，何况非法"，即早已开示过了！筏是竹筏，交通不便或水浅的地方，竹筏可用作交通工具。利用竹筏，即能由此岸到彼岸。到了彼岸，竹筏当然舍去了，谁还把它带着走！众生在生死海中，受种种苦迫，佛为了济度他们，说种种法门，以法有除我执，以空相破法执，使众生得脱生死而到达无余涅槃。当横渡生死苦海时，需要种种法门，但度过中流，必须不执法非法相，才能出离生死，诞登彼岸。

《筏喻经》，出《增一阿含》中。法与非法，有二义：一、法指合理的八正道，非法即不合理的八邪。法与非法，即善的与恶的。如来教人止恶行善；但善行也不可取著，取著即转生戏论——"法爱生"，而不能悟入无生。约"以舍舍福"说，善法尚且不可取著，何况恶邪的非法？二、法指有为相，在修行中即八正道等；非法指平等空性。意思说：缘起的禅慧等功德，尚且空无自性，不可取执，哪里还可以取著非法的空相呢？本经约后义说。从这引阿含教的非法非非法来说，可见前文也应以"不取法相、不取非法相"为正。诸译增入"无想,无非想"二句,不足取!

己三　贤圣无为同证

庚一　举如来为证

辛一　正说

须菩提!于意云何?如来得阿耨多罗三藐三菩提耶?如来有所说法耶?"须菩提言:"如我解佛所说义,无有定法名阿耨多罗三藐三菩提,亦无有定法如来可说。何以故?如来所说法,皆不可取、不可说,非法非非法。所以者何?一切贤圣皆以无为法而有差别。

离一切相的般若,难信难解。上已明未来有人能信能证,以下再以已经能净信实证的圣贤,来证明此难信难解的可信可证。先举究竟圆证的如来为证。

佛问须菩提:今有两个问题问你:一、如来在菩提树下成遍正觉,实有阿耨多罗三藐三菩提可证得吗? 二、如来成道后,大转法轮,确有法可说吗?佛举此二问,因菩萨得明心菩提,即分证无上菩提,而佛却说"诸相非相",又说"不应取法,不应取非法"。恐有人怀疑:佛得阿耨多罗三藐三菩提,不是可得吗?不又大转法轮吗?既可证可说,为什么说"凡所有相皆是虚妄"?"不应取法,不应取非法"呢?须菩提虽没有圆证如来境界,但他是无诤行大阿罗汉,凭自己证觉无为空性的体验,及佛说无相,比知如来圣境而回答说:如佛所说,如我所解,是没有定性——自性的阿耨多罗三藐三菩提为佛所证,也没有定性的法

为如来所说。须菩提的回答，真是恰到好处！佛陀的现觉，没有
能证所证的差别可得，所谓"无智亦无得"。如觉有什么为智慧
所得，这哪里还是正觉！论到说法，更没有定法可说，一切名言
不得实义。佛法虽多，不外证法与教法。无证无说，即明如来的
自证化他，无不性空离相；因为性空离相，这才成佛说法呢！但
无有定法可说，决非随便乱说。语言不得实相，但在世俗心境的
习惯中，也有它的彼此、同异、是非。如东南西北，虽没有定性，
但世俗仍有一定的方向可指；假使指东话西，即是违反世间。世
间的一般语言尚不可乱说，何况佛法！所以，随顺世俗而安立佛
法，如来狮子吼，常作决定说。

　　何以证无可证，说无可说？因佛所说的及所证的法，是没有
定性可以取著的或可说的。取著，约心境的能证所证说；言说，
约语言的能诠所诠说。凡是心有所取，口有所说，一切都是自性
空的，所以名为非法；一切法非法的无为空寂，也还是不可取不
可说，所以又说非非法。佛的自证化他如此，明心菩提也如此。
为了显明这点，所以说：一切贤圣皆以无为法而有差别。大圣佛
陀，二乘圣者，大乘菩萨，或还在修证的进程中，或已达究竟极
果，这都因体悟无为法而成。无为，即离一切戏论而都无所取的
平等空性。无为离一切言说，平等一味，怎么会有圣贤的差别？
这如广大的虚空——空间，虽可依事物而说身内的空、屋中的
空、方空、圆空，但虚空性哪里有此彼差别！虚空虽没差别，而方
圆等空，还是要因虚空而后可说。这样，无为法离一切戏论，在
证觉中都无可取可说，而三乘圣者的差别，却依无为法而施设。

辛二　校德

须菩提！于意云何？若人满三千大千世界七宝以用布施，是人所得福德宁为多不？"须菩提言："甚多，世尊！何以故？是福德，即非福德性，是故如来说福德多。""若复有人于此经中，受持乃至四句偈等，为他人说，其福胜彼。何以故？须菩提！一切诸佛及诸佛阿耨多罗三藐三菩提法，皆从此经出。须菩提！所谓佛法者，即非佛法。

校量功德，在《般若经》中是随处可见的。信解般若，必然能得大功德。这在悟解空性的圣贤，本是用不着广说的；但为摄引初学，而怕他们误解空义而拨无因果，所以特为层层的校量。功德的殊胜，在比较中最容易表显出来。所以，佛问须菩提说：假使有人以充满三千大千世界那么多的七宝，布施贫穷困苦的众生，或供养自己的父母、受教的师长、信奉的三宝，你说这人所得的功德多不多？七宝，是金、银、琉璃、玻璃、车渠、赤珠、玛瑙，这是形容质的贵重。三千大千世界，是一千小千为中千，一千中千为大千的一佛所化世界，这是形容量的众多。以这样贵重而又那样多的七宝作布施，是真有其事吗？有的说：这是假设的，世间七宝虽多，但总没有这么多；经中所说，只是假设校量罢了！有的说：可能是真实的。法身菩萨确能以三千大千世界的七宝，上供十方诸佛，下施六道众生。

须菩提回答说：多极了！因所得福德，胜义谛中是没有真实的福德性可得的。然而，因为法性空无自性，所以如幻缘起，能有一切的众多福德可起可说。不然，实有的即不从缘起，也就没有布施福德可说了。须菩提这样的解说，还是为了听众。一面说有缘起，一面又即此缘起而显空性。恐人听说大福德，就以为福德有自性，所以必须"随说随泯"，摄一切法以趣空。

佛又对须菩提说，你所说固然不错，但不要以为那人的福德就算大了！告诉你：假使另有人对于本经，不要说受持全部所得的功德，就是受持一四句偈，或为他人说一四句偈，所得的功德也是超过那人的布施功德千倍万倍而不可计算的。受是领受，持是忆念明记不忘。四句偈，有人说是我等四相，有人说是末了一颂。其实，这是形容极少的意思。偈，有名为首卢迦偈的，是印度人对于经典文字的计算法。不问是长行，是偈颂，数满三十二字，名为一首卢迦偈。如般若初会的十万颂，金刚般若三百颂，都是指首卢迦偈而言。受持四句偈，意思是极少的；而所得的福德极多，即显示了本经的殊胜。

修学佛法，不外"听闻正法，如理作意，法随法行"。依此修学的次第而细别起来，或说五法行——如《法华》，或说六法行等，或总为十法行。十法行是：一、书写，二、供养，三、施他，四、谛听，五、披读，六、受持，七、开演，八、讽诵，九、思惟，十、修习。此中受持与为他人说，即略举其中的二行。受持是自利，为他人说是利他，能于此甚深法门自利利他，功德当然不可思议。七宝等财施，固然能予人们以物质的满足，但它是暂时的；法施，能启发人的正知正见，健全人的品德，引导他向上增进以及解脱、成佛，由此而可得彻底的安乐，所以非财施可及！

佛所以说这人的功德超过七宝布施，是因为一切佛及佛的阿耨多罗三藐三菩提法，都从此般若性空法门——经典所出生的。《般若经》说：般若为诸佛母。如进一层说，佛说的十二部经，修学的三乘贤圣，也没有不是从般若法门出生的。没有般若，即没有佛及菩萨、二乘，就是世间的人天善法，也不可得。般若为一切善法的根源！得无上遍正觉，所以名为佛；而无上遍正觉，即是老般若。没有般若因行，哪里会有无上遍正觉，哪里会有佛？此经赞叹般若，及般若契会实相，所以不限于《金刚经》，凡与此般若无相法门相契的，都同样的可尊。

诸佛，是佛；阿耨多罗三藐三菩提，是佛所得法。佛与佛所得的法，合名佛法。佛说：所说的佛法，即是非佛法。毕竟空中，确是人法都不可得的。假使就此执为实有佛法，那就错了！

庚二　举声闻为证

须菩提！于意云何？须陀洹能作是念：我得须陀洹果不？"须菩提言："不也，世尊！何以故？须陀洹名为入流，而无所入，不入色、声、香、味、触、法，是名须陀洹。""须菩提！于意云何？斯陀含能作是念：我得斯陀含果不？"须菩提言："不也，世尊！何以故？斯陀含名一往来，而实无往来，是名斯陀含。""须菩提！于意云何？阿那含能作是念：我得阿那含果不？"须菩提言："不也，世尊！何以故？阿那含名为不来，而实无不来，是故名阿那含。""须菩提！于意云何？阿罗汉能作是念：我得阿罗汉道不？"须菩提言："不也，世尊！何以故？实无有法名阿罗汉。世尊！若阿罗汉作是念：我得阿罗汉道，即为著我、人、众生、寿者。世尊！佛说我得无诤三昧人中最为第一，是第一离欲阿罗汉。我不作是念：我是离欲阿

罗汉。世尊！我若作是念：我得阿罗汉道，世尊则不说须菩提是乐阿兰那行者。以须菩提实无所行，而名须菩提是乐阿兰那行。"

　　明心菩提所证的诸相非相，是三乘所共入的。上文说："一切贤圣皆以无为法而有差别"；《十地经》也说二乘能得此无分别法性，所以再引声闻的自证来证成。《般若经》是教化菩萨的，但也密化声闻，不要妄执法相非法相，自称阿罗汉！要知道，般若空为不二门，要是亲证圣果的，一定会信解佛说的无我相、无法相、无非法相。《法华经》以此平等大慧为一乘的根柢，所以也说：除去增上慢人，真阿罗汉是决会信受的。所以《般若经》说：二乘的智与断，都是菩萨无生法忍。这是以声闻例证菩萨圣境，也即密化声闻回心大乘。

　　佛问须菩提说：证须陀洹果的圣者，他会起这样的想念：我能得须陀洹果吗？须菩提曾经历须陀洹果，所以即回答说：这是不会的。须陀洹的意义，即是入流——或译预流。有的说：预是参预、参加、加入；得法眼净，见寂灭性，即预入圣者的流类，所以名为须陀洹。但依本经，应这样说：契入"法流"，即悟入平等法性，所以名为须陀洹——入流。然而契入法性流，是约世俗说；在现觉法流——胜义自证中，实是无所入的。法法空寂，不见有能证所证，也不见有可证可入。色声等六尘，即一切境界相，不入此一切境相，才称他为须陀洹呢！须陀洹是声闻乘的初果，断除三结即一切见所断惑，初得法眼净而得法身；经七番生死，必入涅槃。

　　佛又问：那么，证得二果的斯陀含，他会自念我能得斯陀含果吧？须菩提也说不会的。因为,斯陀含的意义是一往来——简称一来。证得二果的圣者,断欲界修所断惑六品,还有下三品,还须一往天上、一来人间受生,方得究竟。但在圣者的现觉中,没有数量可说,没有动相可说,哪里会想到此来彼去？圣者通达我法毕竟空,所以不但不会起实有自我的意念,就是自己的来去活动,也是了不可得。

佛接着又问:证了三果的阿那含,或许会自以为能证阿那含果吧？阿那含,是不来的意思。断五下分结,即欲界的修惑断净,不再来欲界受生,所以名为阿那含——不来。须菩提回答说:也不会的。因为,没有真实的不来者,是我空;没有真实的不来法,是法空。阿那含深入法性,不但不著来相,也不著不来相。一般以为来去是动的,没有来去,那即是不来(不去)的静止了。其实,不来(不去)即是住;如没有来去的动相,哪里还有不来不去的静止相！缘起法中,静不能离动,离动的静止不可得;动也不离于静,离静的动相也不可得。来与不来,无非是依缘假合,在通达性空离相的圣者,是不会自以为是不来的。

佛又问:已证极果的阿罗汉,会自以为我得阿罗汉道吗？须菩提答:不会这么想。阿罗汉有三义:一、应供,二、杀贼,三、无生。从阿那含而进断五上分结,即上界的修所断惑,得究竟解脱,名为阿罗汉。约他的恩德说:应受人天供养,为世间作大福田,名为应供。约他的断德说:杀尽一切烦恼贼,名为杀贼。约他的智德说:彻证无生寂灭性,名为无生(得无生智)。凡夫为惑业所拘缚,流转于生死中。初二三果的圣者,还不免随惑润业,而说他还有几番生死。到阿罗汉,这才惑业干枯,入于无生而不再感受生死,完成究竟的解脱。这样的圣者,于五众的相续和合中,不见一毫的自性法可得,而可以依之称为阿罗汉的。彻悟一切法的生灭不可得,菩萨名为得无生法忍,声闻即证无生阿罗汉。生灭都不可得,更有什么无生可取可得! 如见无生,早就是生了! 所以,如自以为我是阿罗汉,即有我为能证,无生法为所证,我法、能所的二见不除,就是执著我等四相的生死人,哪里还是真阿罗汉! 不过增上慢人而已!

须菩提是阿罗汉,所以论到这里,即依自己的体验说:世尊不是说我在诸大弟子之中,所得的无诤三昧最为第一吗? 不也说我是第一离欲(诸烦恼)的大阿罗汉吗? 世尊这样的称叹,可是我从没有这样想:我是离欲的大阿罗汉,我能得无诤三昧。假使我这样随相计著,那就在我见、法见、非法见的生死界中,佛也就不会说我是一个好乐修习阿兰那行的人了。反之,因为不执著实有无诤三昧可得可修,世尊才称叹我行阿兰那行呢! 梵语阿兰那,即无诤。三昧,即系心一境的正定。无诤三昧,从表现于外的行相说,即不与他诤执,处处随顺众生。觉得人世间已够苦了,我怎么再与他诤论,加深他的苦迫呢? 如从无诤三昧的证境说,由于通达法法无自性,一切但是相依相缘的假名而来。无我,才能大悲;离去空三昧,还有什么无诤行呢!

这一章,四番问答,须菩提多随顺空义说。如随顺世俗,那么,我得须陀洹……我是阿兰那行,都是可以分别言说的。不过,决不会执取实我与实法而作此念的。

庚三　举菩萨为证

辛一　正说

壬一　得无生忍

佛告须菩提："于意云何？如来昔在然灯佛所，于法有所得不？""不也，世尊！如来在然灯佛所，于法实无所得。"

前依声闻的证境说，此下约得道的菩萨说。佛告须菩提说：我——如来从前在修菩萨行时，在然灯佛的法会中，有没有实在的法可得？须菩提当然回答没有的。据说：释迦在过去修菩萨行时——第二阿僧祇劫满，曾在雪山修学。学毕，出山。求得五百金钱，想去报答老师。当时，见城中整饰市容，洁净街道，问起路人，才知是预备欢迎然灯佛的。他想：佛是一切智者，难逢难遇！不能错失这见佛的机会。于是，把所有的钱买得五朵金色莲花，至诚而欢喜地去见佛。见佛及弟子的威仪庠序，动静安和，从心灵深处生起虔诚的敬信；以所得的五朵花，散向然灯佛。进城的必经道上，有一洼污水，他就伏在地上，散开自己的头发，掩盖污泥，让佛踏过。佛知他的信证法性，得无生忍，所以就替他授记：未来世中当得作佛，名释迦牟尼。或者以为释迦——因地——当时在然灯佛处得了什么大法，像"别传"、"秘授"之类，所以举此问须菩提。须菩提深见法性，所以说实无所得。得无生忍，但是随世俗说；而实生灭不可得，不生不灭等也不可得，所谓"般若将入毕竟空，绝诸戏论"。如以为有法可传可得，那便落于魔道，而不是证于圣性了。

壬二　严净佛土

"须菩提！于意云何？菩萨庄严佛土不？""不也，世尊！何以故？庄严佛土者，则非庄严，是名庄严。""是故须菩提！诸菩萨摩诃萨，应如是生清净心，不应住色生心，不应住声、香、味、触、法生心，应无所住而生其心！

　　得无生法忍的菩萨事业，有二：一、庄严佛土，二、成就众生。有情的根性不一，有仅能得人天功德的，菩萨即以人天的世间福利去成就他；有能得二乘果的，即以出世解脱去成就他；能发菩提心而成佛的，即以大乘的自利利他去成就他。世间是不平等的、丑恶的、苦痛的，如何化浊恶的世界为清净，转苦痛的人生为解脱，这是菩萨的唯一事业。浊恶世界的净化，即庄严佛土，这以愿力为本。菩萨立大愿，集合同行同愿的道伴，实践六度、四摄的善行去庄严它。有以为一人成佛，世界即成清净，这多少有点误解的。菩萨在因中教化众生，以佛法摄集同行同愿者，同行菩萨行。结果，佛与所化众生——主伴的功德，相摄相资，完成国土的圆满庄严。同行同愿的菩萨，同住于庄严的国土中。同中有不同，唯佛能究竟清净、圆满、自在。没有众会庄严的佛土，不过是思辨的戏论！

　　如来以庄严国土问须菩提：菩萨发心庄严佛土，究竟有佛土可庄严，有佛土的庄严吗？须菩提本般若性空的正见，回答说：没有真实的国土可庄严，也没有真实的能庄严法。因为，佛土与佛土庄严，如幻如化，胜义谛中是非庄严的，不过随顺世俗，称之为庄严而已。《般若经》说无庄严为庄严，《华严经》说普庄严，都是由于性空慧的彻悟法性、净愿善行所成。国土——世界是缘起假名,所以能广大庄严。没有自性的世界,即没有不变性,如遇秽恶的因缘,即成秽恶的世界;如造集清净的因缘,即自然会有清净的世界出现。假使,秽恶世界是实有定性而不可改易的,那就是涂抹一些清净的上去,也不会清净,反而更丑恶了!所以,世界无定,秽恶与清净,全依众生知见行为的邪正善恶而转。必须知道如此,才会发心转秽恶的国土为清净。必须善悟国土庄严的非庄严,才能随行愿而集成国土的庄严。

众生的三毒熏心,迷执此秽恶苦迫的世间,以为是安乐、清净。佛以呵责的法门,说国土无常、苦迫、不净。佛又以诱导的法门,令众生不以此现实的世间为乐净,而从无我大悲的利他行愿中,创建严净的世间。但众生的迷执是深固的,听说庄严净土,又在取著庄严,为尊贵的七宝、如意的衣食、美妙的香花音乐、不老不死的永生所迷惑了。所以,佛告须菩提:如上所说的庄严,凡是修大乘行的菩萨,都应生清净心,离去取相贪著秽恶根源,不要为净土的庄严相——美丽的色相、宛转的音声、芬馥的香气、可口的滋味、适意的乐触、满意的想像等而迷惑!要知色、声、香、味、触、法,都如幻如化,没有真实的自性可得。如取执色等有相可得,这即是三毒的根源,从此起贪、起嗔、起痴,即会幻起种种的苦痛和罪恶。所以,应不住(著相)一切法,不住而住地住于空性,于无可住的法性而生净心。前说无我相、无法相、无非法相,能生一念清净信心,即是这里的生清净心,无所住而生其心。如此的离相而得净心,这才能“心净则国土净”。如取著净土而不能净心,即纵然进入庄严的净土,那也还是苦痛的，还是秽恶的。如上海，在物质方面比较优美得多，但它并不配称为清净，反而被人咒诅为罪恶的渊薮。这可见庄严国土，要从清净心中去开拓出来！

庄严佛土者，即非庄严，是名庄严。像这一类型的三句论法，本经是顶多的。或作三谛说，或约三性释，或约大乘拣别小乘说。今依中观者说：如庄严佛土，是讨论观察的对象。这是缘起的，空无自性的，所以说即非庄严。然而无自性空，并不破坏缘起施设，世出世法一切是宛然而有的，所以随俗说是名庄严。缘起，所以无性，无性所以待缘起，因此"即非"的必然"是名"，"是名"的必然"即非"，即二谛无碍的中道。所以说："诸佛依二谛，为众生说法。"

壬三　成法性身

须菩提！譬如有人身如须弥山王，于意云何？是身为大不？"须菩提言："甚大，世尊！何以故？佛说非身，是名大身。"

这一问题，在说明菩萨的法性身。未证诸法如实相的菩萨，他的身体，不过较我们强健、庄严，还是同样的肉身。体悟空相的菩萨身，从证得法性所引生，从大悲愿力与功德善业所集成，名为法性生身，非常的殊胜庄严。这不是凡夫能见的，凡夫所见的，是大菩萨的化身。佛问：如菩萨的法性生身，如须弥山王——即妙高山，在小世界的中央，出海四万二千由旬，七宝所成，那样的高大又庄严，你以为大不大呢？须菩提说：这当然大得很！身，梵语伽耶，即和合积聚的意义。和合积聚，即缘起无自性的，所以即是非身。非身，所以名为大身。众生取相执著，不达法性空,如弃大海而偏执一沤,拘碍局限而不能广大。菩萨以清净因缘,达诸法无性而依缘相成,所以能得此清净的大身。

上面的得无生忍、庄严佛土、成法性身,都以明心菩提的通达诸相非相为本,所以引此以证明心菩提的离相圣境。

辛二　校德

"须菩提！如恒河中所有沙数,如是沙等恒河,于意云何？是诸恒河沙宁为多不？"须菩提言:"甚多,世尊！但诸恒河尚多无数,何况其沙？""须菩提！我今实言告汝:若有善男子、善女人,以七宝满尔所恒河沙数三千大千世界,以用布施,得福多不？"须菩提言:"甚多,世尊！"佛告须菩提:"若善男子善女人,于此经中乃至受持四句偈等,为他人说,而此福德胜前福德。复次,须菩提！随说是经乃至四句偈等,当知此处一切世间天、人、阿修罗皆应供养如佛塔庙,何况有人尽能受持、读诵！须菩提！当知是人成就最上第一希有之法！若是经典所在之处,则为有佛,若尊重弟子。"

本经校德,一层深一层。如上用一三千大千世界的七宝布施来校量,这里就用恒河沙数的大千世界的七宝布施来比较。

佛为显示本经的殊胜,引人尊敬受持,特再问须菩提:如恒河中所有沙的数目,每一粒沙就是一条恒河,有这么多的恒河中的沙数,算不算多呢？须菩提答道:恒河已经多得不可计数了,何况是那些恒河中的沙？这当然多极了！佛又对须菩提说:你不要以为希奇！我老实告诉你:假使有善男子善女人,以七宝充满尔所——这么多——恒河沙数的大千世界,拿来布施,你说他

的功德多不多？须菩提说：多极了！佛说：我再告诉你：有人对
于这《般若经》，能全部、甚至受持一四句偈，或为人宣说一四句
偈，这人所得的福德胜过前七宝布施者的福德何止百千万万倍？
受持宣说本经的功德，是怎样的殊胜！

　　自己受持，或为人说一四句偈，有这么多的福德，那应该怎
样的去尊重恭敬他！无论什么时候，什么地方，如有人为他宣说
一四句偈，这个地方，就应为世间的众生，是天、是人或是阿修
罗——译为非天，是有天的福报而没有天的德性者——所当恭
敬尊重的。要用香、花、灯、乐等作供养，像供养佛的塔庙一样。
受持演说一四句偈，尚且如此，何况有人能完全受持读诵的，这
当然要格外的尊敬了！

　　或许有人会怀疑：佛有大慈悲、大智慧，所以佛弟子为他建
塔，供养舍利，表示尊敬与不忘佛恩。般若法门所在的地方，与
受持读诵的人，为什么要像塔庙一样的供养？要知道，佛在世
时，三宝以佛为主："佛为法本"，"法从佛出"；有佛而后有法，而
后有依法修行的僧伽。佛灭后，声闻佛教时代，三宝以僧伽为中
心：有僧即有法，即法身慧命常在，有僧而后有各处塔庙的建立。
但到大乘佛教时代，三宝已转移为正法中心：有法宝存在，即等
于过去的有佛有僧。般若为法本论的，所以要像供养佛塔庙一
样的恭敬供养它。

　　佛又接着说：能受持读诵般若经典的，已成就第一殊胜希有
的功德了！此般若经典（不必定作经卷看）所在的地方，就等于
佛世有佛，及佛灭不久有尊重弟子在那里。有此般若，即等于具
足三宝，佛法住世。如此希有的般若大法，学者应怎样的恭敬尊

重它!

丙二　劝发奉持

丁一　示奉持行相

戊一　问

尔时，须菩提白佛言：“世尊！当何名此经，我等云何奉持？”

　　菩萨的般若道体，已说毕。此下，约般若功德的尊胜，赞叹以劝人受持。如来校德完毕，须菩提起来问道：这部经应当叫什么名称？我们应怎样去受持奉行？全经的内容广大甚深，而一经的名称，却能含摄全经的大意，或直示一经的精要。这在大乘经，十九是如此的。所以，学者如能于经名有相当的理解，对于全经的要义，也就容易忆持不忘！此一思想，影响于后代的佛教很大，如我国即有专门礼诵《大方广佛华严经》为修行的，藏地把各种经名，书在转动的轮子上。轮子一转，即一切经名从眼前转过一次，即以为转法轮一次了。日本的日莲宗，专念南无妙法莲花经。其实，大乘本义，哪里要我们这样的受持！要从经义的多多理解中，由博返约依经名而忆持全经的心要才是！

戊二　答

己一　正说

庚一　化法离言

佛告须菩提：“是经名为金刚般若波罗蜜，以是名字，汝当奉持！所以者何？须菩提！佛说般若波罗蜜，则非般若波罗蜜。须菩提！于意云何？如来有所说法不？”须菩提白佛言：

"世尊！如来无所说。"

从法门名义和受持的方法，进而论到说法者与说法处。这些，唯有从如幻毕竟空中，才能如实悟解，知道应该怎样的受持。

佛对须菩提说：这部经，能洗破一切如金刚的戏论妄执，而安住于法法本净的金刚妙慧，所以名为金刚般若波罗蜜。应以此经名而摄持经义，如法地受持！然而佛说的金刚般若波罗蜜，即非有般若波罗蜜可得的。常人听佛说法，听到什么就执著什么，觉得此言说是能直诠法体的，确有此法如名言所表示的。不知世俗心行与言说的法，必有名义二者。名是能诠，义是所诠。但名能诠义，而名并不能亲得义的自性，不过世俗共许的符号。义是随名而转的，似乎可指可说，而义实不一定由某名诠表的。名不离义而不即是义，义不离名而非即是名；有名有义的法，法实不在名中，不在义中，不在名义之间，也不离名义，世俗幻有而没有自性可得。佛说金刚般若，如取相为如何如何，早就不是了！这是随顺世俗，以名句文身为表示而已！法门名称如此，全经的文句也如此，应这样去受持奉行！说到这里，佛问须菩提：我说金刚般若法门，到底有法可说吗？须菩提随顺如来的意思说，依我所理解的，如来是无法可说的；什么也不是语言可说的，何况离相的金刚般若？

无法可说，前在举如来为证中说过。但那里讲的是约佛证离言以明无所说，这里是约法的离言以说明的。

庚二　化处非实

"须菩提！于意云何？三千大千世界所有微尘，是为多不？"

须菩提言："甚多，世尊！""须菩提！诸微尘，如来说非微尘，是名微尘。如来说世界，非世界，是名世界。

说法，必有说法的地点，如祇树给孤独园。依声闻佛教说：佛以三千大千世界为化土，即于此大千世界说法度众生。大乘佛教，一佛所化的区域，就扩大得多了！本经密化声闻，所以依大小共许的大千世界说。开示化处的性空，从两方面说：一、世界，二、微尘。我们所住的世界，是由无数的微细物质集成的，世界为一组合体。集成此世界的微细物质，名为——极微的微尘。一般取相的声闻学者，以世界为组合的假有——也有说实在的；而能集成世界的极微，都说是实有的。如现代的科学界，也以为此世界是由微细的物质组成的，一层层地分析，不论是分子、原子，或者是电子、量子，总之，都认为有某种实在物为此世界组合的原素。世俗的见解，由于自性见的无始迷惑，当然是这样说的。但佛法，要从自性非有的本性空中，观察这微尘与世界。

佛问须菩提：一佛所化的三千大千世界内所有的微尘，算起来多不多？这是多得几乎不可计算的。但佛说：这一切微尘，我说即非微尘，是名微尘。如古代印度的胜论师等、佛教的一分声闻学者，都主张色法——物质有极微细的尘粒，即是不可再分析的个体；无论如何分析，终究有这最后的质素。大乘佛教，不但中观师说微尘即非微尘，就是唯识学者也说没有实在微尘可得的。世间的微尘，依唯识者说：是心识变现的，是由内心的色种子，变现这似乎外在的色法，而实不是离心有自相的。中观者说：一切法是因缘和合生的，缘生的诸法中，虽有显现为色法的形态，而且是有粗有细的。不论为粗的细的，都是无常、无我而自性空寂的。如执有究极实体的极微，或不可分析、不可变异、不待他缘的极微，那是根本不可得的。自性虽不可得，而缘起假名的色法，不但是有的，有粗的细的，而且还有相对的缘起外在性。所以，不但不是心的产物，而且心识的现起，还不能离色法而存在！当然，也不会说心是色法产生的。所以，如听说微尘非微尘，即以为是缘起色法的否定，这才误会了！微尘也是缘起的"是名微尘"呢！

　　同样的理由，由于极微的缘起色等，为缘而和合为世界的形态，组成世界的微尘还没有自性可得，依之而集成的世界当然也不会实有自性了！所以又说：如来说世界，即非世界；而幻化的世界宛然，所以又是名世界。如执极微为实而世界为假，这不但不知极微，也不会明白世界的性空与假名！

庚三　化主无相

须菩提！于意云何？可以三十二相见如来不？""不也，世尊！不可以三十二相得见如来，何以故？如来说三十二相，即是非相，是名三十二相。"

　　有所说的法，说法的处所，即有能说法者，这即是具诸相好的如来。所以佛又问：可以三十二相而见说法的如来么？在明心菩提文中，曾论过可否以身相见如来，但那是约见法即见如来说，现在约为众说法者说。须菩提答：不能。因为如来说的三十二相，没有自相可得，不过如幻如化的庄严身相，名为三十二相罢了。

　　所说法、所化处、能化主，一切是无性离相，如幻如化；那么金刚般若波罗蜜法门,即应当如法地受持奉行了!

己二　校德

"须菩提！若有善男子善女人,以恒河沙等身命布施；若复有人,于此经中乃至受持四句偈等,为他人说,其福甚多！"

上面校德,第一以充满三千大千世界的七宝布施,第二以充满恒河沙数的世界七宝布施,现在以恒河沙数的身命布施,比校受持本经及为人说法的功德。

布施的精义,在牺牲自己所有的去利益他人。自己所有的,最贵重的莫过生命。舍财还容易,舍身可难了。财物,是生存所必须的；世人贪恋财物,本出于生存的要求。但这毕竟是身外物,施舍了,不一定影响自己的生存。身命即生命的当体,以此布施,生存立刻有问题,这大非容易。但不是不可能的,如从前有孝敬父母的,二老病了,割股疗养。又有兄弟间互争,愿意牺牲自己,以救全兄弟的性命。这都是以家族为对象的,或进而以国家民族为先,愿为国家而死的。如儒者所说"杀身成仁"、"舍生取义",也即是身命布施的一端。佛法以一切众生、全体人类为悲济的对象,所以本于慈悲的利他行——布施,不分人我,救济一切,扩大到一切众生界,不惜自己的身命。这在菩萨的修道过程中,舍身利他的事实,经律中记载得很多。身命布施,除了出于同情的悲心而外,也有为了真理的追求——求法而不惜舍身。身命布施的功德,虽比外财施大得多,但还是暂时的不究竟的救济。受持与讲说般若,是思想的文化的救济,能拯拔堕落的人格,开发锢蔽者的智慧,使他趋向光明,一直到究竟的解脱。

所以,比身命布施的功德,要多到无可计算了!

丁二　叹奉持功德

戊一　空生叹法美人

己一　深法难遇叹

尔时,须菩提闻说是经,深解义趣,涕泪悲泣而白佛言:"希有世尊! 佛说如是甚深经典,我从昔来所得慧眼,未曾得闻如是之经!

受持经典的功德,一切大乘经无不极力称叹。受持,含有读诵、书写、思惟、实行等。经中常说受持一四句偈,得不思议功德,因此有人专以拜经、诵经为事,以为这功德够大了! 佛说是不错的,学者是多少误会的。学佛的目的,在乎悟佛所悟,行佛所行。然而,如没有理解,怎能实行? 没有读诵,又从何去理解?不听不见,又怎么知道去读诵? 由见闻而读诵、而理解、而实行、而证入,听闻、读诵,岂非为行证的根本吗? 所以大乘经中,都极力称叹读诵等功德,以引人深入。如神秘地读诵礼拜,不求解、不起行,以为功德已大极了,甚至称赞诵持功德,成为变相的符咒,这怕不是功德,而反是无量罪恶呢!

空生,就是须菩提。他深刻地理解到般若法门的义趣——义是义理,趣是意趣,感到法门的希有! 想到过去流转生死的情景,非常惭愧;想到如来的慈悲救拔,得以超脱而听闻菩萨行,又是无限的感激,所以就不自觉地涕泪悲泣起来。他向佛说:希有! 希有! 如来所说的甚深微妙法门,我从过去所得慧眼以来,未曾听说过这样甚深的法门;这次竟然听到了,是多么的欣幸!

慧眼,即"知实相慧",此慧能彻见诸法的如实相,所以名慧眼。《阿含经》中,称为法眼,法即实相的异名,与此所说的慧眼同一;与大乘经中的法眼不同。须菩提所说慧眼,即指声闻的证智。他说从来没有听过这样的经,可作二释:一、从大悲为本、无所得为方便的菩提心行说,声闻行者确乎不知的。二、从离相彻悟的实相说,须菩提久已正觉,而且能与佛共论,于此般若法门,何致惊奇如此!须知这是代表一般取相的声闻行者的。大弟子在法会中,不论是问是答,都有当机的领导作用。现在代表那些取相的众生,特别是执有诸法实性的增上慢声闻,所以说从未得闻。极力称叹深法的难闻,使他们注意而受持这离相妙悟的般若。

玄奘译及义净译,将须菩提请问法门名字一段,移在本节之下。但流支、真谛等译,又都与本译相同。奘译与净译,似乎同于世亲的释论本。而无著论的释本,与本译相近。

己二　信者难能叹

世尊!若复有人得闻是经,信心清净,则生实相,当知是人成就第一希有功德。世尊!是实相者,则是非相,是故如来说名实相。世尊!我今得闻如是经典,信解受持,不足为难。若当来世后五百岁,其有众生得闻是经,信解受持,是人则为第一希有!何以故?此人无我相、人相、众生相、寿者相。所以者何?我相即是非相,人相、众生相、寿者相即是非相。何以故?离一切诸相,则名诸佛。"

空生称叹深法难逢后,接着说:如有人听了这深妙法门,能离一切妄相而清净信心——生实相，这是极为难得的！是成就第一希有功德的！前文，空生疑未来众生不能听此经而生实信，现在是肯定地说有人能生实信。信，以"心净为性"。但此中的净信，是离戏论而显的心自清净，是如实相而知的证信，即清净增上意乐或不坏信。闻此经而能生净信，即能生实相。实相，异译作实想。想即智慧的别名，如经说无常想、无我想等。所以，实相即如实相而知的般若；生实相，即"一切法不生则般若生"。但实相如何可说，所以须菩提随即说：实相，实即是非相，是离一切名言测度的毕竟空寂；从不为虚诳妄取相所惑乱，名之为实相。诸法实相，即诸法的实相不可得；因为一切法的实相不可得，所以名为实相。这是般若法门的实相说，显示般若的特色！

须菩提又说：我能听深妙的经典而信解受持，还不算难。当来世后五百岁中，如有众生能听此经而信解受持的，这才是第一希有哩！因为，我生逢佛世，佛说是那样的善巧，一言一语都从实悟中来，格外亲切有味！所以信解领受，不足为难。佛后五百年，人根转钝，时间又经久了，佛法又是彼此展转传来。所以，那时的众生，如能信解受持般若深法，真是难中之难！经中每劝人发愿，见佛闻法，理由也在此。

后五百岁的众生，信解受持这《金刚般若经》，为什么第一希有？因为，这人已没有我等四相的取执了。这可见不问时代的正法、像法，不问地点的中国、边地，能否信解般若，全在众生自己，是否已多见佛、多闻法、多种善根，是否能离四相而定。无我等四相，并非实有我等四相而加以取消或摧毁。要知道，我等本不可得，由于众生的颠倒，无中执有；所以无我等四相，只是显明他的本相无所有而已。能离我等四相，即能离法相与非法相，所以说：离虚妄颠倒的诸相，即名为佛。这与上文的"若见诸相非相，即见如来"，完全同一。离四相，或者以为与佛相差还远。不知约觉悟实相——无分别法性说，与诸佛一觉一解脱，平等平等，也得名为佛。所以古人说："须陀洹名初得法身。"论说："佛陀，是觉悟真实之义，此名通于声闻、独觉及无上菩提三者。"

戊二　如来劝行叹胜

己一　略叹劝行

庚一　正说

辛一　略叹

佛告须菩提："如是！如是！若复有人得闻是经，不惊、不怖、不畏，当知是人甚为希有！何以故？须菩提！如来说第一波罗蜜，非第一波罗蜜，是名第一波罗蜜。

须菩提赞叹深法及信解者，非常合理，因此佛为之印证，更进一步地广说。佛说：是的！后五百岁中，假使有人得闻此经，能不惊、不怖、不畏，这的确是难得的！不但平常人，或是世间学者，或是神教的信徒，就是佛弟子，听了诸法毕竟空的甚深法门，能不惊、不怖、不畏，也是极为希有的！众生为普遍的成见——自性妄执所诳惑，听见毕竟空，不能不惊慌而恐怖起来！神教徒怕动摇了他们的上帝，哲学家怕失去了他们所唯的物或心，学佛者怕流转还灭无从安立，所以《智论》说："五百部闻毕竟空，如刀伤心。"《中论》青目释："若都毕竟空，云何分别有罪福报应等?"《成唯识论》说:"若一切法皆非实有,菩萨不应为舍生死,精勤修集菩提资粮!"这唯有能于毕竟空中,成立无自性的如幻因果,心无所著,才能不落怀疑,不生邪见,不惊、不怖、不畏,这真可说是火里青莲! 信解如此不易,可见般若的究竟第一,所以说:如来说第一波罗蜜。然而,第一波罗蜜,即是无可取、无可说,也即是第一不可得,波罗蜜不可得。唯其离相不可得,所以为诸法的究极本性,为万行的宗导,而被十方诸佛赞叹为第一波罗蜜。

辛二　劝行

壬一　忍辱离相劝

须菩提! 忍辱波罗蜜,如来说非忍辱波罗蜜。何以故? 须菩提! 如我昔为歌利王割截身体,我于尔时无我相、无人相、无众生相、无寿者相。何以故? 我于往昔节节支解时,若有我相、人相、众生相、寿者相,应生嗔恨。须菩提! 又念过去于五百世作忍辱仙人,于尔所世无我相、无人相、无众生相、无寿者相。是故须菩提! 菩萨应离一切相发阿耨多罗三藐三菩提心! 不应住色生心,不应住声、香、味、触、法生心,应生无所住心! 若心有住,则为非住,是故佛说菩萨心不应住色布施。须菩提! 菩萨为利益一切众生,应如是布施! 如来说一切诸相,即是非相。又说一切众生,则非众生。

法门那样深,净信者的功德那样大! 所以佛告须菩提:学佛法者,应依此经所说而发心修行。大乘般若波罗蜜,不偏于理证,而是与施、戒、忍等相应,表现般若大用的。本经以大悲利他的菩提心为本,所以上文偏说布施,而此处又特别赞叹忍辱。

梵语羼提,即是忍。忍不但忍辱,还忍苦耐劳,忍可(即认透确定)事理。所以论说忍有三:忍受人事间的苦迫,叫生忍;忍受身心的劳苦病苦,以及风雨寒热等苦,叫法忍;忍可诸法无生性,叫无生忍,无生忍即般若慧。常人所不易忍的,即受人的欺虐等,所以经中多举忍辱为例。不论世间事或出世大事,在实行的过程中,身心的、自然的、人事的,都有种种的纠缠、困难。尤其是菩萨发大心,行广大难行,度无边众生,学无量佛法,艰苦是必然不免的。为众生而实行利济,众生或不知领受,或反而以怨报德,在这情形下,如不能安忍,那如何能度众生?所以为了度生,成佛大事,必须修大忍才能完成。忍是强毅不拔的意解力;菩萨修此忍力,即能不为一切外来或内在的恶环境、恶势力所屈伏。受得苦难,看得彻底,站得稳当,以无限的悲愿熏心,般若相应,能不因种种而引起自己的烦恼,退失自己的本心。所以,忍是内刚而外柔,能无限地忍耐,而内心能不变初衷,为了达成理想的目标而忍。佛法劝人忍辱,是劝人学菩萨,是无我大悲的实践,非奴隶式的忍辱!

佛告须菩提:般若是第一波罗蜜,即具足六波罗蜜。例如忍辱波罗蜜,在与般若相应而能深忍时,即能忍的我、所忍的境与忍法都不可得,所以即非忍辱波罗蜜。能如此,才能名为忍波罗蜜。关于忍辱,如来举过去的本生来证明:如在过去生中,歌利王支解割截我的身体。那时,我没有我等四相。假使执有我等四相,就要起极大的嗔恨心;即使无力反抗,也必怨恨在心,这即不能忍辱了。由此,可证明当时没有我等四相;无我,所以能大悲,能大忍!

歌利,译为恶生。传说歌利为北印的乌苌国王,残暴得很!一次,王带了宫女们入山去游猎。宫女们趁国王休息入梦时,就自由去游玩。在深林中,见一修行忍辱的仙人——即印度过着隐遁生活的宗教徒。仙人见她们来,就为她们说法。国王一觉醒来,不见一人,到各处去寻找。见她们围着仙人在谈话,不觉气冲冲地责问仙人。仙人说:我是在此修行忍辱的,宫女们自动地到这里来问法。国王听说是忍辱仙人,就用刀砍下他的手脚,看他是否能忍。当时,仙人毫没有怨恨,神色不变。这仙人,即释迦佛的前生。又如,传说禅宗二祖慧可被贼砍去臂膀,能以法印心,不觉痛苦,这也可说是忍辱波罗蜜了。

如来又说:我不但在歌利王时如此,在过去五百世中作忍辱仙人,也是一样的没有我相、人相、众生相、寿者相的。这可见修菩萨行的,是怎样的重视般若相应的忍辱波罗蜜了!

说到这里,佛总结而劝告众人说:菩萨发心,应离一切相而发无上遍正觉心!离相发心,即发胜义菩提心,也就是明心菩提。一切相,虽无量无边,但不出六尘境相。所以离相发心,即不应该住色尘相而发心,不应住声、香、味、触、法相而发心,应一切无所住而生大菩提心。假使发心的人心有所住,即取相著相,就不能安住于阿耨多罗三藐三菩提心。所以佛在前面曾经说过:发无上遍正觉心的菩萨,不应住色等相而布施。要利益众生,应这样的无住布施。布施是法,众生是人。若执法相、人相,即不过人天施善,不能成为利益众生的大行。所以接着说:如来说的一切相,即是非相;说的一切众生,即非众生。通达非相非众生,所以能布施,所以能忍辱。

壬二　佛说无虚劝

须菩提！如来是真语者,实语者,如语者,不诳语者,不异语者。须菩提！如来所得法,此法无实无虚。须菩提！若菩萨心住于法而行布施,如人入暗,则无所见;若菩萨心不住法而行布施,如人有目,日光明照,见种种色。

世人说话,常不免与事理不符,所以不能过分地信任。如来说法,一切是如实的,所以一切可信。法门的甚深,本生的修行,无不是可信的。真语等五句,别译少不诳语一句。此五句,都是真实可信的意思。如从差别的字义说:真是不妄的,实是不虚的,如是一样的;不诳即是实的,不异即是如的。如来的梵语,本有如法相而说的意思,所以佛说是一切可信的。

如来以佛说的真实,劝人信受奉行。但接着说:可不要误会,以为如来说什么宇宙的实体了！如来所证觉的,是无所谓实、无所谓虚的。凡夫为无明所覆,于无所有中执为如是实有,不契法性,所以称为虚诳妄取。为遣此虚妄执相,所以又称不虚诳相现的空性为实相。众生执著实有,佛责斥为虚妄的。虽本无虚妄相可得,劝众生离此取著,所以说离妄相而见实相。以真去妄,为不得已的方便。如真的虚妄净尽,真实也不可得,如以雹击草,草死雹消。所以说:如来所得法无实无虚。

菩萨修菩萨行,应契会此无实无虚。若心住于色等法而行布施,这如走入无光的暗室,一切都不能见;反之,菩萨心不住于色等法而行布施,那就如明目人,在日光朗照的地方,能见种种的形色。这说明布施要与般若相应，不著一切，即能利益众生，趣入佛道，庄严无上的佛果。修学般若，略有二行：一、入理，即于定中正观法相，达自性空而离相生清净心。二、成行，即本着般若的妙悟，在种种利他行中，离妄执而随顺实相。大乘般若的特色，更重于成行。在成行中，本经特重于利他为先的布施。这些，受持《金刚般若经》者，应有深刻的认识！

庚二　校德

须菩提！当来之世，若有善男子善女人，能于此经受持、读诵，则为如来以佛智慧悉知是人，悉见是人，皆得成就无量无边功德。须菩提！若有善男子善女人，初日分以恒河沙等身布施，中日分复以恒河沙等身布施，后日分亦以恒河沙等身布施，如是无量百千万亿劫以身布施；若复有人闻此经典信心不逆，其福胜彼，何况书写、受持、读诵、为人解说！

此第四番校德。先总括地说：将来如有善男子善女人，能受持、读诵这般若妙典，那即为如来的大智慧眼，在一切时、一切处、一切事中，完全明确地知道、见到，能常为如来所护持，他的功德是无量无边的。为了显示功德的无量，举喻校量。中国分一天为十二时，印度分为六时：日三时，夜三时。白天的三时：约十点钟以前为初日分，十点到下午二点为中日分，二点钟以后是后日分。假使有人在每日三时中，三度以恒河沙数这么多的身命，为有情而牺牲——布施；而且不是一天两天，又经过无量百千万亿劫这么久；这比上文所说的恒河沙等身命布施，功德更殊胜了！喻有实喻假喻，这是假设的比较，总之形容功德的不可胜算罢了！然而，如另有人，听闻这般若经典，能生信心，随顺般若而不违逆，那功德即胜过前人多多了！单是"信顺"的功德即如此，何况更进一步的书写、受持、读诵、为他人演说呢！功德当然更大了！这样的称叹受持等功德，实因本经的功德殊胜，如下文所说。

己二　广叹显胜

庚一　正说

辛一　独被大乘胜

须菩提！以要言之，是经有不可思议、不可称量、无边功德！如来为发大乘者说，为发最上乘者说。若有人能受持、读诵、广为人说，如来悉知是人、悉见是人，皆得成就不可量、不可称、无有边、不可思议功德。如是人等，则为荷担如来阿耨多罗三藐三菩提。何以故？须菩提！若乐小法者，著我见、人见、众生见、寿者见，则于此经不能听受、读诵、为人解说。

般若的功德，哪里说得尽？若要略地说：本经有不可思议、不可称量的无边功德。思是内心的计算，议是口头的说明，称量是衡度它的多少。凡是可思可议可称可量，无论如何多，总是有限的有边的。般若与空相应，所以是不可以思议称量其边际的。这样大功德的妙法，如来不为小乘行者说，为发大乘心者说，为发最上乘心者说。大是广大义，最上是究竟无上无容义；形容法门的广大无边——含容大、至高无上——殊胜大。虽说为二名，并无差别，同是形容菩萨乘——行果的殊胜。

这是但为菩萨说的妙法，所以如有人听了能受持、读诵、广为人说,这就是菩萨。就为如来知见,而得不可思议的功德。这样的人,即能荷担如来的阿耨多罗三藐三菩提。担是担在肩上,荷是负在背上。意思说:能领受信解的人,对于无上正等菩提就能担当得起。如来证得无上菩提,为了救度众生;为众生种种教化,即是如来的广大家财——弘法为家务,利生为事业。能信受转化,即是能负起这度生重任,绍隆佛种!无上正等菩提,为佛的大智慧、大功德、大事业、大责任,如无人担当起来,就是断佛种姓。如来所以为发大乘者说,即希望他们能信解受持这般若大法,立大志愿,起大悲心,以无所得为方便,负起度生的责任来!本来,无上正等菩提,"是法平等,无有高下",众生皆有此法宝藏分。但问题不但是愿承当或肯承当,而是能够承当。所以,发大乘心者,要能信解此甚深教授,从无我大悲中去承当,从利他无尽中去圆成!

　　继承如来家业,这是第一等大事,所以如来不愿为学小乘者说的。因为好乐小法的人,住著在我见、人见、众生见、寿者见,不能于此般若深法听受乃至为人解说的。小乘人为己心重,急急于"逮得己利"。他们但求解脱而已,何必修学广大甚深的教法?何必经三大阿僧祇劫?何必广行布施、忍辱,广度众生?只顾自己,所以说他们住于我见。他们既不求大乘,如来当然也不为他们说了!

　　声闻者能得无我,这是佛教所共许的,这里为什么说乐小乘者住著我见呢?本经上文说:不得法空,即著我见,这是约三乘同入一法性说,是如实说;引导声闻行者不著于法相,回心大乘。此处说乐小法者住于我见,约他们不能大悲利他说,是方便说;

是折抑小乘,使他们惭愧回心。前约证理平等说,此约事行抑扬说。

辛二　世间所尊胜

须菩提！在在处处若有此经,一切世间天、人、阿修罗所应供养;当知此处则为是塔,皆应恭敬作礼围绕,以诸花香而散其处。

佛对须菩提说:不论什么地方——在在处处,只要有此《般若经》在,世间众生即应当尊敬供养。因为,此经所在的地方,即等于佛塔的所在。佛塔,本是供养佛身的;僧伽蓝——寺院,是住出家众的。中国的佛寺混合了这二者,反之,有些塔变成什么镇山锁水、凭人游眺了。佛塔,主要是供养佛的舍利、像设,舍利是如来色身的遗留。但佛说的教法,是如来法身的等流。证法性者名为佛;佛说的教典,是佛证觉法性而开示的,所以也称为法身。印度佛徒,每以缘起偈安塔中供养,名法身塔。所以,有经的地方,就等于有佛塔了。为了尊敬法身,所以应尊重恭敬供养。供养佛塔,《四分律》等都有说明。佛在世时,弟子来见佛,大都绕佛一匝或三匝,然后至诚顶礼。在家佛弟子,每带香花来供佛。香有烧香、涂香、末香。烧香即我国常用以焚供的。涂香,也是末香,但以油调和后,涂在佛足上等。末香是细香末,是散在佛身或佛住的地方。供佛如此,供养塔——色身塔、法身塔也如此。中国佛徒,对于佛经也一向很尊重的,如丛林里的藏经,总说是请来供养的,这本来是不错的。不过,供养教法,除了敬礼、焚香、献花而外,还要读诵、思惟、广为人说,这也是供养,而且是最胜的供养！

辛三　转灭罪业胜

复次，须菩提！善男子善女人，受持、读诵此经，若为人轻贱，是人先世罪业应堕恶道，以今世人轻贱故，先世罪业则为消灭，当得阿耨多罗三藐三菩提。

依前所说，受持本经的，应该为人尊敬了！然而，有人从未为别人轻视，等到受持读诵《金刚般若经》，不但不因此而受人尊敬，反而遇到别人的轻视，这是常使人退悔的。然而不应为此而疑惑、退心！这即是前生恶业转轻或消灭了的象征。我们现生人中，无论境遇如何，过去所造的恶业，潜在而未发的极多。一遇因缘，就会感受应得的果报，或堕地狱、畜生等。读诵《般若经》者，所有过去应堕恶道的罪业，因受持此经的功德力，而现世轻受了；受人轻视的微报，即不会再感恶道等报。如人有痘毒，若先种痘，让他轻微地发一下，就不致再发而有生命的危险了。受人轻视，也是如此。而且种下了般若种子，将来定可证得无上正等菩提。

佛法说业力，通于三世。如专约现世说：有作恶的人，做事件件如意，多福多寿。有做善事的人，反而什么都不行，一切困难。尤其是恶人回心向善，境遇倒一天不如一天，家产一天天消失，使人怀疑老天的公道！若信佛教的三世因果说，知有业现受，有业当来，即能深信善因善果，恶因恶果，而转恶行善了。业是行为的余势，行为的善不善，以心为要因，所以如有强有力的智慧和愿力，可以使业变质的。业是可能性，不一定要发作，是可能转变的。因此，佛教主张有过去业，而不落于宿命论者。

庚二　校德

须菩提！我念过去无量阿僧祇劫，于然灯佛前，得值八百四千万亿那由他诸佛，悉皆供养承事，无空过者。若复有人于后末世，能受持、读诵此经所得功德，于我所供养诸佛功德，百分不及一，千万亿分乃至算数譬喻所不能及。

如来以自己经历的事实，证明受持本经的功德。如来说：我在过去无量阿僧祇劫前，即未见然灯佛以前，曾遇到过八百四千万亿那由他佛。在这众多佛前，都是一一地承事供养，没有空过的；所得的功德，真是无量无边了。释迦佛在然灯佛前，授记作佛，即明心菩提。以前，即从初发心以来的二大阿僧祇劫修行。今说无量阿僧祇劫，约小劫说。承事有二：一、侍奉供给，二、遵佛所说去行。明心菩提以前的功德，还没有彻悟离相，虽有智慧功德，都是取相的、有漏有限的。所以，在末法时代，如有人能受持读诵《金刚般若经》，随顺性空法门，或者得离相生清净心，那他所得的功德，当然要比释尊供养诸佛的功德，超胜得不可计算了。于本经受持读诵，顺向离相，即能超胜有相修行无数阿僧祇劫，这可见功德的殊胜！菩萨发心修行，以离相无住为本，这才是解脱、成佛的要门，学者应以此为标极而求得之！

己三　结叹难思

须菩提！若善男子善女人，于后末世，有受持、读诵此经所得功德，我若具说者，或有人闻，心则狂乱，狐疑不信。须菩提！当知是经义不可思议，果报亦不可思议！"

上面虽广赞功德，其实受持《般若经》所得的功德，是不可尽说的。即使以如来无方辩才，无限神通，把它完全地说出来，人听了或许会发狂，或许会疑惑不信，因为这太出于常人的境界了。这与为井底之蛙，说虚空无边广大的那样难以信受一样。总之，《般若经》的般若相应的大悲妙行，甚深广大，是不可以心思言议的。所以，听闻、受持乃至为人解说等所得的果报，也出于常情的想像以外，不可思议！

乙二　方便道次第

丙一　开示次第

丁一　请问

尔时，须菩提白佛言："世尊！善男子善女人，发阿耨多罗三藐三菩提心，云何应住？云何降伏其心？"

上来讲般若道，以下说方便道。方便道即现证般若，进而到达佛果的阶段。须菩提的请问，及如来的答复，与前一样。不同的，即在答发心的末后，多了"实无有法发阿耨多罗三藐三菩提心者"一句。众译相同，唯有玄奘所译，前文也有此一句。上来说到明心菩提，约从凡入圣的悟证说，是成果；但望于究竟佛果，这才是无相发心的起点，即是发胜义菩提心。前文所问发心，以立愿普度众生而发，是世俗菩提心。此处，由深悟无我，见如来法身，从悲智一如中发心，即诸经所说的"绍隆佛种"、"是真佛子"。前后同样的是发无上大菩提心，所以须菩提又重行拈出旧问题，请示佛陀：应怎样安住？怎样的降伏其心？

丁二 答说

戊一 明心菩提

己一 真发菩提心

佛告须菩提:"善男子善女人发阿耨多罗三藐三菩提心者,当生如是心:我应灭度一切众生,灭度一切众生已,而无有一众生实灭度者。何以故? 须菩提! 若菩萨有我相、人相、众生相、寿者相,则非菩萨。所以者何? 须菩提! 实无有法发阿耨多罗三藐三菩提心者。

我应灭度一切众生,灭度一切众生已,而无有一众生实灭度者,与前发菩提心同。因发胜义菩提心,即从毕竟空中,起无缘大悲以入世度生。以大悲为本的菩提心始终不二,仅有似悟与真悟的不同而已。本文接着说:实无有法发阿耨多罗三藐三菩提心者。前说所度的众生实不可得,如有所得,即著于我等四相,是就所观的所化境——众生而说。虽悟得补特伽罗无我,而在修证的实践上,不一定能内观无我,尽离萨迦耶见——我我所执。此处,即不但外观所化的众生不可得,更能反观自身,即能发心能度众生的菩萨——我也不可得。依修行的次第说:先观所缘的一切,色声等诸法,人、天等众生,都无自性可得,不可取,不可著;但因萨迦耶见相应的能观者,未能遮遣,还未能现证。进一步,反观发菩提心者、修菩萨行者不可得,即心亦不可得,不见少许法——若色若心有自性,可为发阿耨多罗三藐三菩提心者。这才萨迦耶见——生死根拔,尽一切戏论而悟入无分别法性。中观者广明一切我法皆空,而以离萨迦耶见的我我所执为入法的不二门,即是此义。无所化的众生相可得,无能发心的菩萨可得;这样的降伏其心,即能安住大菩提心,从三界中出,到一切智海中住。

多数学者,以为声闻能破我执,而大乘才能破法执,这应先破我执而后离相! 本经前后大段,一般也判为先破法执,后破我执,即为大矛盾处。又,佛为众生说法,多明空无我,信解者还多。到了圣智亲证,反而偏执真常大我。所以,本经于此智证的方便道中,特重于无我的开示。这即是说:即使是圣智现觉,也还是空无我的。末法众生,不闻大乘,如湛愚《心灯录》之类,以"我"为开示修行的根本,与我见外道同流,可痛!

己二　分证菩提果

须菩提! 于意云何? 如来于然灯佛所,有法得阿耨多罗三藐三菩提不?""不也,世尊! 如我解佛所说义,佛于然灯佛所,无有法得阿耨多罗三藐三菩提。"佛言:"如是! 如是! 须菩提! 实无有法如来得阿耨多罗三藐三菩提。须菩提! 若有法如来得阿耨多罗三藐三菩提者,然灯佛则不与我授记:'汝于来世当得作佛,号释迦牟尼。'以实无有法得阿耨多罗三藐三菩提,是故然灯佛与我授记,作是言:'汝于来世当得作佛,号释迦牟尼。'何以故? 如来者,即诸法如义。若有人言:如来得阿耨多罗三藐三菩提,须菩提! 实无有法佛得阿耨多罗三藐三菩提。须菩提! 如来所得阿耨多罗三藐三菩提,于是中无实无虚,是故如来说一切法皆是佛法。须菩提! 所言一切法者,即非一切法,是故名一切法。

　　发胜义菩提心，即分证无上遍正觉。上文已明无法为发心者，这里说无法为证得者。佛以自己经历的分证菩提果，问须菩提：如来——释迦自称——从前在然灯佛那里，有什么实法能证得阿耨多罗三藐三菩提？须菩提深解如来所说的，所以说：没有。佛说：是的，确乎没有什么为我可得阿耨多罗三藐三菩提的。如有某种真实有自性法，如来能证得阿耨多罗三藐三菩提，那我就有我我所执了；然灯佛也就不会给我授记，说我在未来世中作佛，号为释迦牟尼。因为当时，现觉我法性空，不见有能得所得，离一切相，然灯佛这才为我授记呢！

　　七地菩萨得无生忍，即名得阿耨多罗三藐三菩提。能分得菩提，也即可名为如来。如来，外道解说为"我"，以为是如如不动而往来三界生死者，以为是离缚得解脱而本来如是常住者。在佛法中，否弃外道的"我"论，如来是诸法如义。如此如此，无二无别（不是一），一切法的平等空性，名为如；于此如义而悟入，即名为如来。既然是诸法如义，即无彼此、无能所，这是极难信解的。因为常人有所思考、体会，是不能离却能所彼此的。如来既即为如义的现觉，即不能说有能得所得。因此，如有人说如来能得阿耨多罗三藐三菩提，这无疑是错误的，不能契会佛意的。

　　如来所得（菩萨分得）阿耨多罗三藐三菩提，即现觉诸法如义。这是达一切法相的虚妄无实，离妄相而彻见如实相。但一切法自性，即一切法自性不可得；以无自性为自性，这当然不可执实，又焉能执为虚妄。无实无虚的无上遍正觉，即离一切相，达一切法如相，这本非离一切法而别有什么如如法性，所以说：

一切法皆是佛法。"百花异色,同归一阴";"高入须弥,咸同金色"。于无边差别的如幻法相中,深入诸法原底,即无一法而非自性空的,无一法而非离相寂灭的。在圣智圣见中,即无一法而非本如本净的佛法。即一切相离执而入理,即"一切法皆如也"。然而,即毕竟空而依缘成事,即善恶、邪正、是非宛然。有人执理废事,以为一切无非佛法,把邪法渗入正法,而佛法不免有失纯净的真了!

如来才说了一切法皆是佛法,随即说:我说一切法皆是佛法,不要以为实有一切法,不要谤佛实有邪恶杂染的一切法。在胜义毕竟空中,是一切法绝无自性的,即非一切法的。因为一切法即非一切法,佛证此一切法,所以假名为一切法皆是佛法。这等于说:一切法的自性不可得,即佛证觉的正法。

戊二　出到菩提

己一　成就法身

须菩提!譬如人身长大。"须菩提言:"世尊!如来说人身长大,则为非大身,是名大身。"

菩萨得法性身,有二类:一、证得无生法忍时,即得法性身,如入涅槃者回心向大而发胜义菩提心。二、得无生法忍时,还是肉身,舍此分段身,才能得法性身。《智论》说八地舍虫身,即此。所以,这一段可判属明心菩提。但出到菩提的圣者,是决定成就的。

佛在上文,曾说人身如须弥山王;这里又同样的向须菩提说。毕竟须菩提是解空第一的圣者,听到"譬如人身长大",即契会佛心而回答说:如来说的人身长大,为通达法性毕竟空而从缘幻成的,实没有大身的真实性。悟法性空,以清净的功德愿力为缘,成此庄严的尊特身,假名如幻,所以说"是名大身"。

己二　成熟众生

"须菩提!菩萨亦如是。若作是言:我当灭度无量众生,则不名菩萨。何以故?须菩提!实无有法名为菩萨。是故佛说:一切法无我、无人、无众生、无寿者。

明心菩提以前,重在从假入空;到出到菩提,又从空出假,成熟众生,庄严佛土,以趋入佛果。现在,佛约出到菩提的成熟众生,对须菩提说:不特长大的法性身,是缘起如幻的;就是菩萨的成熟众生,也还是如此。成熟众生,以众生成就解脱善根而得入于无余涅槃为究竟。但在菩萨度众生时,假使说:我当灭度无量众生,那就执有能度的菩萨、所度的众生,我相不断,就不配叫做菩萨了。什么是菩萨?从最初发心到现证法性,到一生补处,无不是缘成如幻;即一切法观察,即一切法真如,离一切法,离一切法真如,都是不见不得有可以名为菩萨的,如《般若经·三假品》所说。所以,佛说一切法——有漏的、无漏的,有为的、无为的,世间的、出世间的无我,都没有菩萨实性可说,切勿执什么真我才是!

己三　庄严佛土

须菩提!若菩萨作是言:我当庄严佛土,是不名菩萨。何以故?如来说庄严佛土者,即非庄严,是名庄严。须菩提!若菩萨通达无我法者,如来说名真是菩萨。

严净佛土,就是化秽土而成净土,这是得无生法忍菩萨的大事。菩萨以法摄取同行同愿者,以共业庄严佛土。但如菩萨在庄严佛土时,这样说:我当庄严佛土,这就有能庄严的人及所庄严的法,取我相、法相,即不成其为菩萨。要知如来所说的庄严佛土,本无实性的庄严佛土可得,只是缘起假名的庄严罢了!

前明心菩提,约分证菩提而结说如来的真义。这里,约菩萨的严土、熟生,结明菩萨的真义。虽没有少许法可名菩萨,但由因缘和合,能以般若通达我法的无性空,即名之为菩萨。这是说:能体达菩提离相,我法都空,此具有菩提的萨埵,才是菩萨。所以《智论》说:"具智慧分,说名菩萨。"这样,可见菩萨以悲愿为发起,得般若而后能成就,这约实义菩萨说。

戊三　究竟菩提

己一　圆证法身功德

庚一　正说

辛一　知见圆明

须菩提!于意云何? 如来有肉眼不?""如是! 世尊! 如来有肉眼。""须菩提! 于意云何? 如来有天眼不?""如是! 世尊! 如来有天眼。""须菩提! 于意云何? 如来有慧眼不?""如是! 世尊! 如来有慧眼。""须菩提! 于意云何? 如来有法眼不?""如是! 世尊! 如来有法眼。""须菩提! 于意云何? 如来有佛眼不?""如是! 世尊! 如来有佛眼。""须菩提! 于意云何? 如恒河中所有沙,佛说是沙不?""如是! 世尊! 如来说是沙。""须菩提! 于意云何? 如一恒河中所有沙,有如是沙等

恒河,是诸恒河所有沙数佛世界,如是宁为多不?""甚多!世尊!"佛告须菩提:"尔所国土中所有众生若干种心,如来悉知。何以故?如来说诸心,皆为非心,是名为心。所以者何?须菩提!过去心不可得,现在心不可得,未来心不可得。

究竟菩提,即菩萨因圆,得一切种智,究竟成佛。佛有法身与化身二者,声闻乘也有立二身的,如大众部等说:"如来色身实无边际,如来威力亦无边际,诸佛寿量亦无边际,念念遍知一切法。"这即是法身说,这是色心圆净的,不单是空性的法身,即如来的真身,唯大机众生——法身菩萨能见他的少分。化身,如八相成道的释迦,适应未入法性的初心菩萨、小乘、凡夫而现的。二身本非二佛,约本身、迹身,大机及小机所见,说为二身。此处先明法身。

有人疑惑:佛说诸法皆空,怕成佛即空无所知。为显示如来的知见圆明,超胜一切,所以约五眼——一地诘问须菩提。须菩提知道佛的智慧,究竟圆明,所以一一地答复说:有。

眼,是能见的;有种种的见,所以名种种的眼。现分两番解说:一、五种人有五种眼:世间人类的眼根,叫肉眼;天人的眼叫天眼。这二者,都是色法,都是由清净的四大极微所构造成的。天眼的品质极其精微,所以能见人类肉眼所不能见的。如肉眼见表不见里,见粗不见细,见前不见后,见近不见远,见明不见暗;而天眼却表里、粗细、前后、远近、明暗,没有不了了明见的。此外,慧眼、法眼、佛眼,都约智慧的能见而说,属于心法。声闻有慧眼,能通达诸法无我空性。法眼,是菩萨所有的,他不但能通达空性,还能从空出假,能见如幻缘起的无量法相;能适应时机,以种种法门化度众生。佛眼,即"唯佛与佛,乃能究尽诸法实相",即空假不二而圆见中道。二、一人有五眼:这如本经所说的如来有五眼。佛能见凡人所见,是肉眼;见诸天所见的境界,表里远近等,都能透彻明见,是天眼;通达空无我性,是慧眼;了知俗谛万有,是法眼;见佛所见的不共境,即佛眼。又,佛有肉眼、天眼,实非人天的眼根可比。后三者,又约自证说,无所见而无所不见,是慧眼;约化他说,即法眼;权实无碍为佛眼。如约三智说:一切智即慧眼,道种智即法眼,一切种智即佛眼。

　　再举比喻来形容如来的知见圆明。佛问:恒河中的沙,我说它是沙吗?须菩提答:如来是名之为沙的。再问:如一恒河中所有的沙,每一粒沙等于一恒河;有这么多的恒河,恒河中所有的沙数,当然是多极了!如来所化的世界,就有那么多的恒河沙数那样多。在这么多的国土中所有的一切众生,他们的每一心行,如来以佛知见,悉能知见。一世界中,单就人类说,已经很多,何况一切众生?更何况那么多世界的众生?而且每一众生的心念刹那生灭,念念不住,每一众生即起不可数量的心呢!然而佛能彻底明见,佛何以有此慧力?因为所说的诸心,即是缘起无自性的非心,假名为心而无实体可得的。无自性的众生心,于平等空中无二无别;佛能究竟彻证缘起的无性心,所以"以无所得,得无所碍",无所见而无所不见,刹那刹那,无不遍知。

　　为什么说缘起假名的心即非心呢?因于三世中求心,了不可得。如说心在过去,过去已过去了,过去即灭无,哪里还有心可得!若心在现在,现在念念不住,哪里有实心可得!而且,现在不离于过去未来,过去未来都不可得,又从哪里安立现在!倘

使说心在未来，未来即未生，未生即还没有，这怎么有未来心可
得。于三世中求心自性不可得，唯是如幻的假名，所以说诸心非
心。也就因此，佛能圆见一切而无碍。世人有种种的妄执：有以
为我们的心，前一念不是后一念，后一念不是前一念，前心后心
各有实体，相续而不一，这名为三世实有论，即落于常见。有主
张现在实有而过去未来非有的，如推究起来，也不免落于断见。
有以为我们的心是常恒不灭的，我们认识的有变异的，那不是真
心，不过是心的假相，这又与外道的常我论一致。佛说：这种人
最愚痴！念念不住，息息流变的心，还取相妄执为常！心，不很
容易明白，唯有通达三世心的极无自性，才识缘起心的不断不
常，不一不异，不来不去，不有不无。从前，德山经不起老婆子一
问——三心不可得，上座点的哪个心？就不知所措，转入禅宗。
这可见毕竟空而无常无我的幻心，是怎样的甚深了！这唯有如
来才能究竟无碍地明见它。

辛二　福德众多

**须菩提！于意云何？若有人满三千大千世界七宝以用布施，
是人以是因缘，得福多不？""如是！世尊！此人以是因缘，得
福甚多。""须菩提！若福德有实，如来不说得福德多；以福德
无故，如来说得福德多。**

　　上面说智慧圆满，这里说福德众多。佛称两足尊，即以此福
慧圆满为体。今举比喻形容福德的广大，与校德不同。佛问：若
有人以充满大千世界的七宝拿来布施，这个人因此所得的福德，
多不多？须菩提答：此人因布施所得的福德，多极了！佛随即

说:不过,假使福德有实在自性的,那么,大千七宝的布施,也不过大千七宝的福德罢了,佛就不会说他得福德多。因为福德无性,称法界为量,布施者能与般若相应,不取相施而布施一切,所以能竖穷三际,横遍十方,圆成无量清净的佛果功德,这才说是多呢!

辛三　身相具足

须菩提! 于意云何? 佛可以具足色身见不?""不也,世尊! 如来不应以具足色身见。何以故? 如来说具足色身,即非具足色身,是名具足色身。""须菩提! 于意云何? 如来可以具足诸相见不?""不也,世尊! 如来不应以具足诸相见,何以故? 如来说诸相具足,即非具足,是名诸相具足。"

色身,是诸法和合的一合相;诸相——如三十二相,是色身上某一部分的特殊形态。如来法身,有相? 还是无相? 这在佛教界是有诤论的,有的说有相,有的说无相。其实,这诤论是多余的。如以佛有法身和化身,这法身是有相的。假使说佛有三身(也可以有相)或四身,专以法身为平等空性,那即可说法身无相。有相的法身,色身无边,音声遍满十方。在大乘(大众部等同)学初立二身说,法身即本身、真身,悲智圆满,如智不二,心色无碍,遍法界的毗卢遮那佛,为大机众生现身说法。但此法身是无为所显的,相即无相,不可思议! 龙树论多用此义。

佛问须菩提:可以从身色、诸相的具足中,正见如来吗? 具足,即圆满。色身的具足,依玄奘及笈多译,更有"成就"的意义,所以即圆成或圆实。凡是自体成就,不待他缘的,即名为圆成实。法身色相，或称叹为圆成圆实的。须菩提领解佛意说：不可！如来是不应以具足的身相而正见的。因为如来说具足身相，是无为所显的，是缘起假名而毕竟无自性的，哪里有圆成实体可得。所以，即非具足身相，而但是假名施设的。

本经概括地说诸相具足。常说佛有三十二相，是指印度诞生的释迦如来化身而说。至于法身，有说具足八万四千相，或说无量相好。但有论师说：三十二相为诸相的根本，八万四千以及无量相好，即不离此根本相而深妙究竟。

辛四　法音遍满

"须菩提！汝勿谓如来作是念：我当有所说法。莫作是念！何以故？若人言如来有所说法，即为谤佛，不能解我所说故。须菩提！说法者，无法可说，是名说法。"

佛对须菩提说：不要以为如来会这样的想：我当为众生说种种的法，佛是不会如此的。如有人以为如来有所说法，那不特不能知佛赞佛，反而是谤佛了！以为佛也像凡夫那样的有能说所说了！要知道：法如实相是离言说相的，不可以言宣的，所以说法即无法可说。无法可说而随俗假说，令众生从言说中体达无法可说，这即名为说法了。有人偏据本文，以为法身不说法，这是误解的。法身是知见圆明，福德庄严，身色具足，那为什么不法音遍满呢！

未证法性生身的菩萨，说法是不离寻伺——旧译觉观，即思慧为性的粗细分别的。如初学讲演，先要计划，或临时思索、准备，这都是寻伺分别而说法的显例。已证法性生身的菩萨，就不假寻伺而说法,随时随处,有可化众生的机感,就随类现身而为说法。究竟圆满的法身,更是"无思普应"。经论中,常以天鼓——不假人工而自鸣的为喻。所以,如以为如来作是念:我当说法,即是谤佛。

辛五　信众殊胜

尔时,慧命须菩提白佛言:"世尊! 颇有众生于未来世闻说是法,生信心不?"佛言:"须菩提! 彼非众生,非不众生。何以故? 须菩提! 众生众生者,如来说非众生,是名众生。"

年高德长的,智深戒净的,以慧为命,名为慧命。慧命,与上文所说的长老,为同一梵语的异译。佛为须菩提开示了法身说法的真义以后,尊者就启问如来:在未来世的时候,有没有众生,听了如所说的法身——知见、福德、身相、说法圆满,而生清净的信心? 也可说:如上所说的法身说法,无说而说,会有人因此种说法而生净信吗? 这是佛果究竟深法,所以须菩提又不能以自慧悟解,请佛解说。佛说:听闻如此说法而能生信心的,当然是有的,但此种信众,已不是一般的众生;但他还没有究竟成佛,也不能不说他是众生。原来,为凡夫、声闻、初心菩萨说法的,是化身佛,听众都是未出生死的异生——众生。还有此土、他土的大菩萨,佛以法身而为他们说法。法身是无时无处不在流露法音,大道心众生——大菩萨,也随时随地地见佛听法。听法身说法而生净信者,即大菩萨,所以说彼非众生,又非不众生。如从五众和合生的众生说,众生无我,常是毕竟空,不过惑业相续,随作随受,于众生不可得中而成为众生。

此法身说法,利根凡夫,虽不能亲闻法音而生清净信,但能依展转得解大乘深义,比量的信受。

辛六　正觉圆成

须菩提白佛言:"世尊!佛得阿耨多罗三藐三菩提,为无所得耶?"佛言:"如是!如是!须菩提!我于阿耨多罗三藐三菩提,乃至无有少法可得,是名阿耨多罗三藐三菩提。复次,须菩提!是法平等,无有高下,是名阿耨多罗三藐三菩提。以无我、无人、无众生、无寿者,修一切善法,则得阿耨多罗三藐三菩提。须菩提!所言善法者,如来说即非善法,是名善法。

法身佛以智见与福德为本,感得果德的无边身相,微妙法音;现身、说法,即有大菩萨为信众。这些,都因总修万善而同归无得,证无上遍正觉而得完成。所以须菩提仰承佛意而问道:佛得的无上遍正觉,可是无所得的吧?佛赞许他说:是的!我于无上遍正觉,连一些些的实性法,都不可得;一切都无所得,这才证得无上遍正觉。然所以都无所得,这因为无上遍正觉,即一切法如实相的圆满现觉,无所得的妙智,契会无所得的如如,这岂有毫厘许可得的!所以,在此如如正觉中,一切法是平等而无高下的。高下,指佛果(高)与凡夫(下)说的。平等法界,是在圣不增,在凡不减的,这就名为无上遍正觉。这在因中,或称之为众生界、众生藏、如来藏;在果位,或称之为法身、涅槃、无上遍正觉。约境名真如,实相等;约行名般若等;约果名一切种智等,无不是依此平等如虚空的空性而约义施设。有些人,因此执众生中有真我如来藏，或者指超越能所的灵知，或者指智慧德相——三十二相等的具体而微；以为我们本来是佛，悟得转得，即是圆满菩提。这是变相的神我论，与外道心心相印，一鼻孔出气！

　　一切法虽同归于无得空平等性，但毕竟空中不碍一切。一切的缘起法相，有迷悟，有染净，因为性空，所以有此种种差别，如《中论》所说。所以佛又对须菩提说：无上遍正觉，虽同于一切法，本性空寂，平等平等，但依即空的缘起，因果宛然。无上遍正觉，要备两大法门而圆成：一、以般若空慧，通达法空平等性，不取著我等四相。二、修习施、戒、忍等一切善法，积集无边福德。此所修的一切善法——自利利他，以般若无我慧，能通达三轮体空，无所取著。般若摄导方便，方便助成般若，庄严平等法性，圆证无上遍正觉。法性如空，一切众生有成佛的可能，成佛也如幻如化，都无所得。然而，不加功用，不广集资粮，不发菩提心，不修利他行，还是不会成佛的！

　　庚二　校德

须菩提！若三千大千世界中所有诸须弥山王，如是等七宝聚，有人持用布施。若人以此般若波罗蜜经乃至四句偈等，受持、读诵、为他人说，于前福德百分不及一，百千万亿分乃至算数譬喻所不能及。

　　这是方便道中第一次校德。般若道中说充满三千大千世界七宝持用布施，这里说七宝聚集像须弥山那么高——出海四万二千由旬——拿来布施，这数量要比前说大得多。但虽以这么多的七宝持用布施,所得功德,还是不及读诵或为他人说本经四句偈的功德。

己二　示现化身事业

庚一　化凡夫众

须菩提！于意云何？汝等勿谓如来作是念:我当度众生。须菩提！莫作是念！何以故？实无有众生如来度者。若有众生如来度者,如来则有我、人、众生、寿者。须菩提！如来说有我者,则非有我,而凡夫之人以为有我。须菩提！凡夫者,如来说即非凡夫。

此中化身佛,不约随类示现者说,指从入胎、住胎到成道、转法轮、入涅槃,示生人间的化身佛。如释迦人间成佛,即有化众、化主、化处、化法四事,下文次第论说。

佛告须菩提:不要以为如来会作这样想:我当现生人间,度脱苦迫的众生。如来现觉诸法性空,哪里会见有实在的众生可以为如来所度。假使如来这样想,那如来不是执有我等四相了吗？如来虽不作此念,但随俗说法,也还说我前生如何,说“天上天下,唯我独尊”等。可是虽说人说我,能达人我无自性,所以假我即是非我。不过,那些生死凡夫不能了解随俗我的意趣,即以为真实有我而妄执了——如后代的犊子部等。不特说我非我,就是我虽也说有凡夫,也是实非凡夫的假说。凡夫,是不见实相的异生;烦恼未断,生死未得解脱,依此而施设的假名。如能解脱即成圣者,可见并无凡夫的实性可得。

庚二　现化身相

辛一　相好

壬一　正说

须菩提！于意云何？可以三十二相观如来不？"须菩提言："如是！如是！以三十二相观如来。"佛言："须菩提！若以三十二相观如来者，转轮圣王则是如来。"须菩提白佛言："世尊！如我解佛所说义，不应以三十二相观如来。"尔时，世尊而说偈言：若以色见我，以音声求我，是人行邪道，不能见如来。"须菩提！汝若作是念，如来不以具足相故得阿耨多罗三藐三菩提；须菩提！莫作是念：如来不以具足相故得阿耨多罗三藐三菩提！须菩提！汝若作是念，发阿耨多罗三藐三菩提心者，说诸法断灭。莫作是念！何以故？发阿耨多罗三藐三菩提心者，于法不说断灭相。

　　本节与诸译不同。可否以三十二相观如来，上面已经论到，似乎毋须再说。特别是须菩提的答复，上文已知不可以三十二相见如来，怎么这里反而说可以三十二相见？这是极难理解的！要知道，上次佛约法身而问，法身不可以三十二相见，须菩提是知道的。这次佛约化身为问，化身佛一般都以为有三十二相的，所以须菩提也就说可以三十二相见如来。但这是错误的，佛陀立刻加以责难：假使可以三十二相见如来，转轮王也有三十二相，那转轮王不也就是如来吗？须菩提当下就领会道：如我现在理解佛所说的意义，是不应该从三十二相见如来的。这是说：不但法身不可以三十二相见，化身也是不可以三十二相见的。因为,法身是缘起无性的,法身所有的相好也是无性缘起的。从法身现起的化身有三十二相,也还是缘起无性的。由通达性空,以大悲愿力示现的身相,如镜中像,如水中月,所以也不可取著为有得的。如取相执实,专在形式上见佛,那与轮王有什么差别?因此,佛又引从前为声闻行者说过的偈子,再说给大众听。意思说:若以三十二相八十种好的色相见我——如来,或从六十美妙梵音中求我,这是走入邪道,不能正见如来的。

不可以三十二相观如来,这决不是如来没有圆满的身相;依法身等流所起的化身,虽不可以相取而相好宛然。所以如来紧接着说:假使这样想:如来是不因诸相具足而证得无上遍正觉的,那可错误大了!切不可作如此倒想!修一切善法而得大菩提,而起化身,当然是有殊胜相好的。假使以为离却相好的,那是等于以为发阿耨多罗三藐三菩提心者,是说诸法断灭了!断灭,就是破坏世出世间因果。证无上遍正觉是果,发菩提心而广大修行是因,因果是必然相称的。如成佛而没有功德的庄严身相,那必是发心不正,恶取偏空,破坏世谛因果而落于断灭见了。要知道真正发大菩提心的菩萨,是决不会破坏因果的,不会偏取空相而不修布施、持戒等善法的。反之,菩萨因为深见缘起因果,这才发大菩提心,修行而求成佛。所以,不应该说如来不具足相而成佛。

壬二　校德

须菩提!若菩萨以满恒河沙等世界七宝持用布施,若复有人知一切法无我得成于忍,此菩萨胜前菩萨所得功德。何以故?须菩提!以诸菩萨不受福德故。"须菩提白佛言:"世尊!

云何菩萨不受福德?""须菩提!菩萨所作福德,不应贪著,是故说不受福德。

佛对须菩提说:假使有发大心的菩萨,以充满恒河沙世界的七宝作布施,所得的功德极大;但如另有菩萨,能悟知一切法无我性,得无我忍,那所有功德即胜前菩萨的功德。此处以菩萨布施及菩萨智慧相校量,即更胜上文的校德。忍,即智慧的认透确定,即智慧的别名。依经论说:发心信解名信忍;随顺法空性而修行,名(柔)顺忍;通达诸法无生灭性,名无生忍。此处没有说明什么忍,依文义看来,似可通于诸忍的。得忍菩萨的所以殊胜,因他于所作福德及智慧,能知道是无性的缘起,不会执受——取福德为实的。不受福德,所以福德即无限量。这不是说没有福德,是说不执为实有,不执为己有。福德无性,菩萨无我,能得此法忍的菩萨,是深知福德不应贪著的,所以说不受福德。

辛二　威仪

须菩提!若有人言:如来若来、若去、若坐、若卧,是人不解我所说义。何以故?如来者,无所从来,亦无所去,故名如来。

梵语多陀阿伽度,汉译如来,也可译如去。来去是世俗动静云为相,因此,外道等即以如来为流转还灭——来去者;如来现身人间,一样的来去出入,一样的行住坐卧,佛法中也有误会而寻求来去出入的是谁,而以此为人人本来天真佛;有的,要在来去坐卧的四威仪中,去见能来能去能坐卧的如来。如来明见末法众生的佛魔同化,所以特预记而呵斥说:这些人是不解佛法而非佛法的。如来"即诸法如义"的正觉;来去坐卧都不过性空如幻,哪里有来者去者可得? 法法性空如幻,来无所从,去无所至;不来相而来,无去相而去,彻见无我法性——如义,这才名为如来。

庚三　处大千界

辛一　微尘

须菩提! 若善男子善女人,以三千大千世界碎为微尘,于意云何? 是微尘众宁为多不?"须菩提言:"甚多,世尊! 何以故? 若是微尘众实有者,佛则不说是微尘众。所以者何? 佛说微尘众,即非微尘众,是名微尘众。

论化处,也分为微尘与世界。先说微尘:佛告须菩提说:如有善男子善女人,依佛所说的"散空",观大千世界而分分地分析,散为微尘,这微尘众——众即聚——多不多?《阿含经》中,佛曾以散空法门教弟子,后代的声闻学者,如一切有部等,即依此建立实有自性的极微。须菩提依佛所教而修行,知道微尘众的确多极了;然而他不像取相声闻学者的执为实有。他说:这许多微尘众如果是实有的,如来即不会说它是微尘了。要知道:色法——物质界是缘起的,是相依相缘的存在,而现有似一似异相的。在缘起色中,有幻现似异的差别相、分离相,所以不妨以散空法门而分分地分析它。科学者的物理分析,所以也有可能。然如以为分析色法到究竟,即为不可再分析的实体,那即成为其小无内的自性,即为纯粹妄想的产物,成为非缘起的邪见。这种实有性的微尘,佛法中多有破斥。但或者,以为有微尘即应该自相有的;观察到自相有的微尘不成立,即以为没有微尘,以为物质世界仅是自心的产物,这与佛陀的缘起观还隔着一节呢! 佛说微尘,不如凡夫所想像的不可分割的色自性;但缘起如幻,相依相缘的极微众,世俗谛中是有的,是可以说的。

　　辛二　世界

世尊! 如来所说三千大千世界,即非世界,是名世界。何以故? 若世界实有者,则是一合相。如来说一合相,则非一合相,是名一合相。""须菩提! 一合相者,则是不可说,但凡夫之人贪著其事。

　　一佛所化的区域,是一大千世界。世界与微尘,是不一不异的。缘起为一的世界,能分分地分析为微尘;而缘起别异的微尘,能相互和集为一世界。能成的极微——分,是无性缘起的;所成的世界——有分,即全部,也是无自性的。所以须菩提接着说:如来所说的三千大千世界,依我的悟解,也是没有自性的,仅是假名的世界。因为,如世界是实有自性的,那就是浑然一体而不可分析的一合相了! 依佛法说:凡是依他而有,因缘合散的,即不是实有,是假有的,是无常、无我、性空与非有的。如来虽也说世界的一合相——全体,那只是约缘起假名的和合似一,称为一合相,而不是有一合相的实体——离部分或先于部分的全体可得。如来听了,同意须菩提的解说,所以说:一合相,本是缘起空,不可说有自性的。但凡夫为自性的妄见所蔽,妄生贪著,以为有和合相的实体!

庚四　说无我教

须菩提！若人言佛说我见、人见、众生见、寿者见，须菩提！于意云何？是人解我所说义不？""不也，世尊！是人不解如来所说义。何以故？世尊说我见、人见、众生见、寿者见，即非我见、人见、众生见、寿者见，是名我见、人见、众生见、寿者见。"

如来教法的特色，即宣说"空无我"。此处即约此义，概括如来一代化法。佛问须菩提：无我，即令人离我见乃至寿者见。假使有人以为佛说我见、人见等，使人离此等见而得解脱，此人能理解如来化法的真义吗？须菩提答：此人是不够理解佛法的！众生，是由过去的业因而和合现起的幻相，本没有实性真我；而众生妄执，于无我中执著有我，所以佛说众生有我见等为生死根本。然而，什么是我？众生不知一切法并不如此实性而有，以为如此而有的，不见法空性，所以名为无明。由于无明而起萨迦耶见，执我执我所。但彻底研求起来，我等自性是本不可得的。假使有我，能见此我的名为我见；我等自性既了不可得，那从何而有我见呢？佛说我见，不过随众生的倒想而假说，使人知我本无我，我见即本非我见而契悟无分别性，并非实有自我可见，实有见此自我的我见，又要加以破除。从所见的自我不可得，即悟能见的我见无性，即依此而名之为无我。如执有我见可除的无我，这无我反倒成为我见了！如《智论》说："痴实相即是智慧，取著智慧相即是痴。"所以，以为如来说有我见等，即是取相执著，根本没有理解如来"无我"教的深义。

丙二　劝发奉持

丁一　别明离相

戊一　应如是知见信解

"须菩提！发阿耨多罗三藐三菩提心者，于一切法，应如是知，如是见，如是信解，不生法相。须菩提！所言法相者，如来说即非法相，是名法相。

此下，为方便道的结劝受行。般若道已有广说，这里仅略为结劝而已。一切佛法，都是为学者说的，所以虽或高谈佛果，或论菩萨不思议的大行，总是以初学为所化的根机。上面虽广说方便，尤其分别究竟菩提的法身与化身，而这里又归结到发菩提心者，应如何知见，应如何受行。佛说：发菩提心的人，对于一切法，近即上说无我的教法，远即方便道中所说的一切菩萨行果，都应该不取——不生法相而知见，而信解。知与见，偏于智的；信解，是因理解而成信顺与信求，即从思想而成为信仰。在这知见或信解一切法时，都不应该执有诸法的自性相而起戏论分别。不但不生法相，连不生法相的非法相也不生，方是正知正见正信解者。因为，如来虽分别广说诸法相，而一切法相无自性，即是非法相的，不过随俗施设为法相而已。这是总结对于一切佛法的根本认识。

戊二　应如是受持诵说

须菩提！若有人以满无量阿僧祇世界七宝持用布施，若有善男子善女人发菩提心者，持于此经，乃至四句偈等，受持、读

诵、为人演说，其福胜彼。云何为人演说，不取于相，如如不动。

　　如来再校德显胜，结劝自受化他，并略示说法的轨范。佛告须菩提说：假使有人以充满无量无数——阿僧祇即无数世界的七宝拿来布施，这在常人看来，功德已不可思议。但是，如另有发菩提心的人，对于本经的全部乃至少到一四句偈，能依十法行而行，那他所得的福德比七宝布施者要多得多。在受行般若中，或理观，或事行，都要一一见于实际。大乘为利他的法门，所以尤需要将此般若大法为他人演说，展转教化，才能弘广正法，不违如来出世启教的本愿。续佛慧命，这是最极要紧的。但应该怎样演说呢？佛陀启示说法的轨则说：这需要不取著一切法的自相，要能安住于一切法性空——如如的正见中，能不为法相分别所倾动。凡取相分别而忆念的，即名为动，也即是为魔所缚，《阿含经》等都作此说。《智论》也说："不生灭法中，而作分别相。若分别忆想，则是魔罗网。不动不依止，是则为法印。"末二句，或译"心动故非道，不动是法印"。所以，如如不动而说法，即维摩诘所说："能善分别诸法相，于第一义而不动。"能内心不违实相，外顺机宜，依世俗谛假名宣说，而实无所说，才是能说般若者。否则，取法相而说，即是宣说相似般若，听者多因而堕于我相、法相、非法相中，即为谤佛！

丁二　结示正观

何以故？一切有为法，如梦、幻、泡、影，如露亦如电，应作如是观！"

　　上面,如来开示学者,应不生法相而信解一切法,应不取于法,如如不动而受持讲说。不取相,即性空离相,本经虽处处说到,但听者或以为空是什么都没有;假名是为初学者假说的,施、忍等一切善法,于他们——自以为解空的是无关的。这些人,倒取空相,是断灭见者,是谤佛谤法者! 而另一些人,不满于性空假名,要成立因果缘起的自相有。众生心不容易安住于中道,落于有见无见。所以,本经在末后特说六喻法门,明假名即空的般若正观,使学者知道如来说空、说假名、说离相、说不住、说不取等的正意,使初学者有个入手处,能由此而深入究竟。

　　颂意说:一切有为法,都是如梦等假有即空的,学者应常作如此观察! 有为,即有所作的,从因缘而有的,有生灭或生异灭的遍通相的,即息息流变的无常诸行。凡夫见闻觉知的一切,没有不是有为的。有为,对无为说。但无为不是与有为对立的什么法,非凡夫所能理解。如来假名说的无为,意指有为的本性空寂,即无所取、无所住、无所得的离戏论相。学佛以此为标极,但必须以有为法为观察的所依境,于此有为而观无常、无我、无生灭性,才能悟入。总之,不论观身或观心,观我或观法,甚至观无为、无漏,在凡夫心境,离此有为是不能成为观察的。

　　这样,在凡夫,有为即一切法,应以如梦、如幻等六喻去观察它。梦,指睡眠时,由于过去的熏习,或梦时身心所有的感受,浮现于昧略的意识中,而织成似是而非的梦境。幻,指幻师用木石等物,以术法而幻成的牛马等相,这是可见可闻的,却不是真实的。泡,指大雨下注时,水上引起刹那即灭的浮沤。影,是光明为事物所障引起的黑影;或以手指交结,借光线而反映于墙壁的种种弄影——影像。露,即地面的水汽与易散热的草木等相触,因冷而凝成的小水滴;这到天明后,温度稍高,就立刻消灭。电,指阴电阳电相磨触时引起的光闪,也是刹那过去而不暂住的。此六者或有经中作九喻十喻等,主要为比喻一切法的无常义,如泡、如露、如电;比喻一切法的虚妄不实义,如梦、如幻、如影。实际上,每一喻都可作无常无实喻,或可以一一别配所喻,而实无须乎别别分配的。此六者,喻一切法的无常无实。所以,是无常无实的,即因为一切法是缘起的,缘起性空的。这六者的无常无实,空无自性,常人还容易信受;不知一切法在佛菩萨的圣见观察,都无非是无常无实无自性的。我们执一切法为真常不空,也等于小儿的执梦为实等。所以,经中以"易解空"的六喻,譬喻"难解空"的色心等一切。能常观一切法如此六者,即能渐入于无常无我的空寂。

这样,一切法如幻、如梦等。幻等,如《智论》说:"幻相法尔,虽空而可闻可见。"无定性而称之为空,不是什么都没有。因此,我们所知所见的一切,是空的,但是因果必然,见闻不乱的。依此以求诸法的自性,了不可得;彻悟此法法无性的不可得,即名为空性。虽没有自性而空寂的,但也即是缘起的因果施设,称为假名。假名,梵语为"取施设"义,即依缘揽缘而和合有的。从因果施设边说,即空的假名有,不可说无;从自性不可得边说,即假的自性空,不可说有。观假名如幻等而悟入空性,离一切相,即为般若的正观。知见信解所以能不生法相,受持、为他人说所以能不取于相,都应从如幻、如梦的假名自性空中去观察;三乘解脱以及菩萨的悲心广大行,也应从此观察中去完成!

甲三　流通分

佛说是经已，长老须菩提，及诸比丘、比丘尼、优婆塞、优婆夷、一切世间天人阿修罗，闻佛所说，皆大欢喜，信受奉行。

　　金刚法会圆满了。当时，比丘与比丘尼，即出家弟子的男女二众；优婆塞、优婆夷，即在家弟子的男女二众。此即如来的四众弟子，曾从佛受皈依及应持的戒律者。此外，还有从一切世间来的天、人、阿修罗，即三善道众生，有善根见佛闻法的，也在法会中。大家听了本经，明白菩萨发心修行的宗要与次第；感到佛法的希有，都各各法喜充满。欢喜，即信受佛说以及悟入深义的现象。能深刻信解，所以都能奉行佛说，自利利他，流通到将来。我们还能知道这部经，听说这部经，也即是当时佛弟子信受奉行的成果。大家既闻此法，也应生欢喜心，信受奉行，这才不负如来护念付嘱的大悲，名为报佛恩者！

　　　　　　　　　　　　　　　　　（演培记）

般若波罗蜜多心经讲记

——一九四七年夏在雪窦寺说

悬　论

一　释经题

一、波罗蜜多:佛法有它的目的和达到此目的的方法,我们要想了解它,可以用本经的"度一切苦厄"、"能除一切苦",即经题的"波罗蜜多"来说明。佛法就是要对这现实世间的苦难,予以彻底的解决。波罗蜜多是梵音,译成中文可有两个意思:一、凡事做到了圆满成就的时候,印度人都称做波罗蜜多,就是"事业成办"的意思。二、凡作一事,从开始向目标前进到完成,中间所经的过程、方法,印度人也称做波罗蜜多,这就是中文"度"(到彼岸)的意思。其实,这只是同一语词的两种——动、静解释。佛法的目的,在使人生的苦痛得到解决,达到超脱苦痛的境地。能解除这人生苦痛的方法(动的),名之曰波罗蜜多;依照佛法中的方法做到苦痛的解除(静的),也名为波罗蜜多。这样,现在就把"波罗蜜多",局限在解除苦痛的意义上。但苦痛是什么?从何而来?"度一切苦厄"的方法又如何?

苦是一种感受;苦痛,有它的原因,知道苦痛的原因以后,才能用适当的方法来防止它、消灭它。从引发苦受的自体说,可大分为"身苦"与"心苦"。身苦是因生理变化所引生的不适意受,如饿了、冷了、疲劳辛苦了……这都是身体上的苦受。心苦是精神上所感受的苦受,如憎、怒、哀、惧等。身苦是大体同样的,如饿了觉得难过,你、我、他都是一样的。心苦就不然了,如人观月,有的人觉得月光皎洁深生愉快,有的人因望月而思亲念旧,心怀悲楚。观剧、观花、饮酒等一切,都有同样的情形。在同一境界,因主观心绪的差别,可以引生不同的感受,这就和身受不同了! 实在说来,身心二受是互相影响的,如生理变化所引生的饥渴等苦——身苦,可以引生心理上的烦忧,因之弱者自绝生路,强者铤而走险,这是极常见的事。反之,心理上的痛苦,也可以引发身苦,如因情绪不佳而久卧床榻等。身苦,由于人为的努力,还易于解决;但同样的环境,因人的身世不同、知识不同、情绪不同、意志不同,感生的心苦也各各不同,这就难得解决了。世间一般学术,对此心苦简直是没法解除的,只有学习佛法才可以得到解除。虽然佛法不是偏于心的,但可以知道佛法的重心所在。

　　从引发苦痛的环境说:有的苦痛是因物质的需求不得满足而引生的(我与物),有的是由人与人的关系而引生的(我与他),有的是与自家身心俱来的(我与身心)。此与身心俱来的痛苦,虽很多,然最主要的有"生"、"老"、"病"、"死"的四种。生与死,一般人不易感到是苦;在苦痛未发生之前,尽管感不到,可是生理心理的必然变化,这些痛苦终究是会到来的。人不能脱离社会而自存,必然地要与一切人发生关系,由于关系的好坏浅深不同,所引生的痛苦也就两样。如最亲爱的父子、夫妻、兄弟、朋友等,一旦生离死别,心里就深生懊丧、苦痛,佛法中名此为"恩爱别离苦"。另有些人是自己所讨厌的,不愿与他见面的,可是"冤家路狭",偏偏要与之相会,这名为"怨憎会遇苦"。此因社会关系而引生的爱别离、怨憎会苦,是常见的事,稍加回思,就可以知道。还有,人生在世上,衣、食、住、行是生活所必需,有一不备,必竭力以求之。求之不已,久而不得,事与愿违,于是懊恼萦心,佛法名此为"求不得苦"。也有想丢而丢不了的,也可以摄在此中。像上所说诸苦,可大分三类:一、因身心变化所引生的苦痛——生、老、病、死;二、因社会关系所发生的苦痛——爱别离、怨憎会;三、因自然界——衣食等欲求不得所引生的苦痛。

　　世间的学术、宗教、技巧,莫不是为解除人生痛苦而产生的。然而努力的结果,至多能解除自然界的威胁和少部分的因社会关系所发生的痛苦。这因为自然界是无生的,依必然的法则而变化的,只要人能发见它的变化法则,就可以控制它、利用它。社会关系就难多了,如发生同一事件,以同一的处理法,但每因群众的心境与处理者之间的关系不同,得到完全不同的结果。这还不是最难解除的,最难的那要算各人身心上的痛苦了。照说,自家身心的事,应该易于处理,实则是最难的。人对自己究竟是什么? 心里是怎样活动的? 实在不易认识,不易知道。连自己都不认识,还能谈得到控制自己、改造自己吗? 因此,想控制自己、解放自己,非认识自己不可。佛法虽无往而不在,但主要的在教人怎样觉悟自己、改造自己以得痛苦的解除。如我们不求自我身心的合理控制与改造,那么因自然界而引起的苦痛,我们也没办法去控制,反而增多痛苦!依佛法,社会也只能在人类充分觉悟,提高人格,发展德性,社会才能完成彻底的更高度的和平与自由。从合理的社会——平等自由中,控制与利用自然界,才能真得其用。否则,像现代的科学,对于近代人类不能不说厥功甚伟,然因没有善于运用,利器杀人的副作用就随之生起,甚至引起世界文明被毁灭的危险。所以,人不能从解除自己身心上的烦恼矛盾下手,任何控制自然、人群的办法,是不会收到预期效果的。因此,我们要"度一切苦厄",应首先对自己予以改造。唯有这样,才能合理地根本地解除人世间的苦痛。

佛法解除苦痛的方法是如何呢?原则地说,可分二种:一、充实自己:增加反抗的力量,使苦痛在自己身心中冲淡,不生剧烈的反应。如力量小的担不起重物,感到苦难;而在锻炼有素精强力壮者,则可把着便行,行所无事。二、消灭苦痛的根源:知其原因,将致苦的原因对治了,苦果自然不生。

我们知道,佛法所讨论的"度一切苦厄"、"能除一切苦",是着重在自我身心的改善与解放的。因为度苦、除苦的境界不同,所以产生了大乘与小乘。侧重否定的功夫,希求自己的苦痛解脱而达到自在,这被称为小乘。大乘也是希求度苦除苦的,但他更是肯定的,侧重于离苦当下的大解脱自由;又由推己及人了知一切众生的苦痛也与我无异,于是企图解除一切众生苦痛以完成自己的,这就是大乘。从人生正觉中去解除苦痛,大小乘并无不同。这本不是绝对对立的,如释迦牟尼佛因见到众生的相残相害,见到众生的生、老、病、死苦而推知自己,又由自己推知他人，知道都是在苦痛里讨生活；于是就确定了解脱自他苦痛的大志，走上出家、成道、说法的路。后代的大小乘，不过从其偏重于为己及为人而加以分别罢了！

佛法以解除苦痛为目的，除苦必须解除苦痛的根源。致苦的原因，自然是很复杂，但主要是源于我们内心上的错误，及由于内心错误而引生行为的错误。人人的内心与行为不正确，社会意识与发展的倾向自然也就不能无误了！由错误的行为影响内心，又由内心的错误引导行为；于是互相影响，起诸恶业，招感苦果，无时或已！因此，释尊教人从行善止恶的行为纠正，达到内心的清净解脱；同时，必须内心清净而改正了，行为才能得到完善。就是生死的苦痛，也就可以根本地得到解除了。由此，内心与行为中，内心是更主要的。人之所以动身、发语，不尽是无意识的，大都从发动的意识——内心上来。内心的错误，可分二种：一、欲，二、见。欲是约情意方面说的，和欲望的欲多少有些差别。欲以追求为义，追求不得其正，这才成为欲望，也可名为恶欲。欲有多方面的，欲求财富，欲求名闻，以及各种物质上的享受都可名欲。深一层的，耽著不舍即名为爱；在世间人看起来，爱是很好的，佛法则说爱如胶漆一样，一经染著，则纠缠不清，不免要受它的牵制，不得自在。经里常说：因爱欲故，父与子争，子与父争，乃至种族国家与种族国家争，争争不已，于是造成了充满苦痛的人间。见是思想方面的，由于对事物的认识不同，于是发生意见冲突。如西洋因宗教的信仰不同而连年战争，哲学家因彼此的见解不同大兴争吵，此一是非，彼一是非。此虽属于内心方面的，然因此而表现于行动，就发生绝大的问题，造成家庭、社会、国家、世界的不安定——这种现象,尤其是现在这个时代,更属显而易见。见是知识方面的,世间知识不但老是与欲求合在一起,而且这种知识有着根本的错误。这不是说世间知识没有世间的真实——世谛性,毫无补于人生,是说它有某种根本错误,有某种普遍的成见,所以与私欲相结合。这才知识越广,欲望越大,欲望越大,苦痛越多。欲望固可推动知识的发展,知识也能帮助欲望的满足;但因为斗知机先,人欲横流,结果世间苦痛还是有增无已!古人知识虽浅,人民尚可安居乐业,现在的人知识增长,人民几乎寝食为忧。我们不但是欲望的奴隶,还是思想的奴隶呢!

各人的爱见,互相影响,互相推动,造成了家庭、社会、国家的行为错误;招感着个人的苦痛,乃至家庭、社会、国家的苦痛。依佛法的观点,不仅此人类共同的苦痛根源于内心——爱见与行为的错误;众生流转于生、老、病、死的苦痛中,也还是根源于此。世间的一切,什么都不是突然而有的,有了也不会无影响的。一切的一切,都是在因缘和合与消散的过程中流转。近代的科学家,只知道物质不灭,而不知道精神也是相续不灭的。我们这一生的生命现象,并不是由于父母的结合而突然新生的,他是由于过去某种行为的错误而招感来的。从过去而招感流转到现在,那么由现在的行为也还要招感到未来。这三世流转的生死,可说是生命之流,都是因心的错误指导行为而引生的。如果我们不想老是这样生死苦逼来去流转,那就得先从发动行为的内心错误上改造起。所以三世流转的生死苦也好,现实人间的苦痛也好,需要解决的苦痛虽有浅深不同,原则并无不同。我们要消除苦痛,非先从内心上的爱欲和知见改造起不可。自然,这就是行为的改善,也即是人我关系的改善。

　　二、般若波罗蜜多:佛法中谈到解除苦厄的方法,即关于改造错误欲见的方法,六波罗蜜多实为主要。六波罗蜜多是:(一)布施,就是牺牲自己的精神和物质甚至生命,去做有益于他人的事。(二)持戒,不应该做的决定不做,应该做的努力去做,这就是佛说的"诸恶莫作,众善奉行"。例如在消极方面,制止残杀生命的恶行;积极方面,更去做救济保护生命的善行。(三)忍辱,正名为忍,彻底解除人生的苦痛,需要极大的坚忍才能成功。有此坚忍,不怕困难,忍受逼害,冲破险阻,才能勇往直前地去做自他俱利的事。上面所说的施、戒、忍,着重在我们行为的改善。(四)精进,对于善的事情,不怕任何困难,抱定决心去做,才能有所成就;懒惰懈怠是什么事也不会成功的。严肃的、坚强的、向上的、百折不回的勇气与决心,即是精进。(五)禅定,禅,华语静虑,即精神的安定与集中的境界。世间欲爱与知见的扩张,是多少与此内心的散乱有关。古人说:"制心一处,无事不办。"这就是说:由于禅定的力量,可以控制自己的内心。这确是体验真理、发生智慧必须的特殊训练。但这不过把我们的精神集中起来便于管理而已,一旦出了禅定的心境,依旧要纷散混乱起来。所以上面的五种波罗蜜多,对于苦痛根源的爱见,还是不能彻底解决的。(六)般若,译为智慧,有了智慧,错误的见解可得到纠正,五种波罗蜜多也可以得到正当的指导。佛法里特别尊重智慧,因为只有智慧才能彻底度一切苦。

　　经上说:"五度如盲,般若为导",并以种种功德称扬赞叹。

有些人不知佛经赞叹智慧的用意,于是以为只要有般若,其余的五度就可以不要了,这是错误的。智慧是领导者,它需要与布施等行为配合起来,使所修所行的不致发生错误,这才是佛法重智慧的真义。

般若慧和世间的知识不同:般若慧是从深刻地体验真理所得到的,如释迦佛在菩提树下因获得了体验真理的智慧而成佛。这样,般若的智慧,我们不是就没有份了吗?这也不然,我们虽还没有体验真理的智慧,可是佛法即是依体悟真理的智慧而流出来的,我们依止佛的经教指示渐渐思惟观察,起深信解;这虽不是自己体验真理的智慧,然也是类似的智慧。生得智慧虽人人都有,然解脱苦痛根源的智慧,不经过修习,确是不容易得的。所以佛法教人多闻熏习,听闻日久,解法智生,这在佛法名闻所成慧。闻解以后,再于自己心中详审观察,如是对于前所了解的问题可以更得到有系统有条理的深一层认识。同时,将此深刻的悟解,指导行为而体验于寻常日用间,佛法名此为思所成慧。思后更修禅定,于定境中审细观察宇宙人生的真理,此名修所成慧。再不断地深入,常时修习,般若智慧即可发生。

智慧,可以分为两种:(一)世俗智,如世之哲学家、科学家等,他们都有对于宇宙人生的一套看法,有他种种的智慧与相对的真理。虽然这是不究竟的,若就广义的智慧说,他们解说宇宙人生的世俗智,也可以包含在般若里(方便智)。(二)胜义智,这是就特殊的智慧说。佛法体验真理的智慧,是彻底的、究竟的,这与世间智慧不同而是特殊的。体验真理的智慧得到了,生死流转中的一切苦痛都可以因之而解决。苦痛的大树,有本有干有枝有叶,我们要除掉它,不能光在枝叶上下功夫,必须从根本上去掘除,佛法就是以般若智从根本上解除人们苦痛的。所以佛法中所讲的般若,主要是特殊的。佛、菩萨、罗汉都有此智慧,不过佛菩萨的心量大,智慧也大些,因此菩萨应遍学一切法。菩萨虽学一切法,以有特殊的智慧,世间智慧的错误可以为之拣除,融摄贯串使世俗慧亦成为圆满而合理的,从般若而引出方便智,即能正见世间的一切,这就是上面所说广义的智慧了。常人对此,多不了解,于是生起种种误解:有些人以为佛法所指的智慧是特殊的,有了这特殊的智慧,其他的世俗智慧就可以不要了,这种人忽略了遍学一切法门的经训。另一些人以为世俗的知识不可厚非,应当去学,可是学而不返,忘记了佛法特重的智慧是什么了。所以修学佛法的人,应该对佛法所崇重的特殊智慧致力以求,而世俗的一般智慧也不能忽略。

般若是最高的智慧,其内容深细难了,由于般若的最高智慧,才能亲证宇宙人生的根本真理。真理是什么? 这不必另外去找说明,可以就在日常见闻的事物上去了解。依佛法说,一切事物的存在,都不过是原因条件的假合,凡是假合成的东西,它的本身一定是迁动变化的;它依原因而存在,同时又与他法作缘,他法也迁流变化而存在。这种互相影响互相推动的关系,佛法简称之曰因果系。因果法则,是遍通一切法的。如一株树,有种子的因,与水、土、日光的缘,和合起来,生芽、抽枝、发叶、开花、结果。若是原因和助缘起了变化,树的本身也就跟着变化了。人也是这样,富贵、贫贱、贤明、不肖,都不是没有因缘的。上面曾说:人依内心的正确与错误引生行为的合理不合理,由此感招苦乐不同的结果,这也就是因果必然的现象。任何事物,都不许例外,佛法就是依因果法则说明一切的。存在的是结果,同时也是因;凡是可为因的,也必是从因所生的。但一般宗教就不然,如耶稣教说一切事物是上帝造的,上帝不由他所造。这样,上帝唯是原因而不是结果了!佛法呵此为不平等因。还有说什么时、方、物质等为诸法因的,这在佛法总呵之为非因计因。或说诸法是无因生的。诸经中依因果法则,遍予破斥。唯有依于般若慧,了达诸法的因果事理,才是正确的知见。然了得因果现象,还不是佛法中最究竟的;最高的智慧,是要在因果现事的关系中,深入地去体验普遍而必然的最高真理。佛就是体验了这最高真理的;佛的伟大,也就在他能把真理完满地洞达。宇宙人生的真理,佛说有三:

(一)诸行无常:这一真理,说明了一切事物都在因果法则下不断地迁流变化,其中没有什么永恒不变的东西。在从前,或许不容易了解,由于近代科学进步,已经不甚难懂了。不过,世人也只能在诸法的流动变化上了达其外表,还不能达到诸法没有不变性的究竟义。这诸行无常的真理,是从纵的时间方面来说明的。

(二)诸法无我:我,在佛法里有它特殊的定义。一般人总以为事物上有一个独立存在的东西——我。依佛法讲,存在的事物都不过是因缘和合的假相,其中没有什么可以独立自存的。如一幢房子,看来好像是整然一体,然仔细推敲起来,房子是由众多砖瓦木石所合成的。五指伸开来,拳还能存在吗?这说明了物体是因缘生的,只有假相,没有实体。就是分析到了一微

尘、一电子,也还是因缘的假相,没有什么独存的个体。这诸法
无我,是从横的空间方面说的。了知空间的一切法,都是没有独
立存在性的,如国家是由土地、人民、主权所合成的,人是筋骨、
血肉、发毛、爪齿所合成的,除去了这许多合成国家、人身的质
素,是没有实体或是形而上的存在。

（三）涅槃寂静:这说明了动乱变化、假合幻现物的最后归
宿,都是平等无差别的。一切事物,是动乱差别的,也是寂静平
等的。如审细地观察诸法,就可以发现动乱差别的事物,即是平
静无差别。这种种差别归于平等、动乱归于平静的——涅槃寂
静,如枝叶花果的形色各殊,但对光的影子是没有差别的一样。
涅槃寂静,是依诸行无常、诸法无我体验所得到的。如对前两真
理不能了解,这涅槃寂静的真理,也就不会正确地了解。这如在
波浪的相互推动激荡——无常无我上,了知水性的平静一样。
波浪是依水而有的,波浪因风而起,风若息下来,水自归于平静。
但这平静不必要在风平浪静的时候,就在波涛汹涌动荡不停的
时候,水的本性还是平静的。人在生死的流转里也是一样,苦
乐、人我、是非、好丑、动乱万千,就在此动乱万千的流转当中,了
知涅槃的平等寂静。上次说到,纠正我们内心上的错误,引导行
为入于正轨,即达到此涅槃寂静的境地,就可以得到生死苦痛的
解脱了。

上面三者,总名之为三法印,印有不可变更和确实性的意
思。这三者是佛陀从因果法则上体验得到的,因人的智慧不同,
所以通达的真理也有点不同。小乘要一步步地向前悟入,先了
解诸行无常有必归无,再了解诸法无我,由此进而离却烦恼,体

验诸法的涅槃寂静,这是渐进的体验。大乘菩萨就不必如此,只一"空"字,就把三法印统摄起来。空,是真理中最高的真理,最究竟的真理。但一般人对于空都有误解,以为空是什么也没有了,于是懒惰疏忽,什么也不努力,这是极大的错误!不知空是充满革命的积极性的——太虚大师曾约空义,作《大乘之革命》。如太虚大师自传里有一段写到他在西方寺看《大般若经》的时候,"身心渐渐凝定。……忽然失却身心世界,泯然空寂中灵光湛湛,无数尘刹焕然炳现如凌虚影像,明照无边。坐经数小时,如弹指顷,历好多日身心犹在轻清安悦中。……从此,我以前禅录上的疑团一概冰释,心智透脱无滞;曾学过的台、贤、相宗以及世间文字,亦随心活用,悟解非凡"。因为大师胜解了空义,所以就与一般人不同!大师了知世间上的事物都是无常的、无我的,一切事物离开了关系条件的存在别无他物,所以对于现在佛教中有不适合时代社会需要的地方,力主改革;而一般保守者忽略诸法无常无我,所以多方反对。但大师仍以勇猛心、无畏心为佛法奔走呼号。由此看来,若真能悟证——即使少分了解空义,对于行事,也必能契合时机,勇往直前。

菩萨悟证了空的真理,即于此空性中融摄贯串了诸行无常、诸法无我、涅槃寂静的三法印。因为,我们要了解空,须从这三方面去理解:(一)世间没有"不变性"的东西,这就是诸行无常,诸法既没有不变性,所以都是无常变化的。从否定不变性说,即是空。(二)世间没有"独存性"的东西,一切事物都是因缘假合,小至微尘,大至宇宙,都是没有独存性的,所以无我。从否定独存性说,也即是空。(三)世间没有"实有性"的东西,常人总以为世间事物有它的实在性,这是一种错觉,克实地推求起来,实在性是不可得的;实在性不可得,也即是空。三法印从否定的方面说——泯相证性,即是显示空义的。不变性不可得,独存性不可得,实在性不可得,不可得即是空。空,不离开因果事物而有空,即事物的无常变化、无我不实、自性寂灭。以空———实相印贯通诸行无常、诸法无我、涅槃寂静的三法印,每为一般人所不了解,所以特别指出来。

般若是通达真理的智慧,与世间的一般知识不同。般若——实相慧,即能真知诸法真理的,如即空的无常、无我、涅槃寂静。凡是真理,要合乎三个定义:(一)凡是真理,必定是本来如此的;(二)又必定是必然如此的;(三)还必是普遍如此的,时不分古今,地不分中外,大至宇宙,小如微尘,都是如此的。这近于哲学者所说的“最一般的”或“最哲学的哲学”。但哲学家所说的,由于推论、假定,或由于定境,与佛法不同;佛法是佛陀及其弟子们以般若亲自证得的。至于普通的知识,大概可以分做两种:(一)有些认识,即常识(科学也是常识的精制)可以知道是错误的。(二)有些认识,常识即使是科学,也不能知道是错误的。常识上以为不错误的,为大家甚至世间学者所共同承认的,都是外由五根缘境,以及内由意识分别所得到的影像,即为世间的真实,或者即作为真理看。依佛法,常识可以知道是错误的,有些是完全错误的,或也有相对真实性的。如小孩看到“云驶月运”,以为月亮是在跑,这当然是错误的;但这种错误在眼根缘境的印象上,有他相对的客观性。不过成人以意识推察,知道由于云的飞行,这才以意识比量修正根识的似现量。虽明明见到月亮飞行,而不以为然,说这是错误的认识。这种认识,在人类知识的发展中,不断在进步,不断在修正自己过去的错误。所以世间的知识,每每是觉得今是而昨非的。还有常识——哪怕是科学,也是不能彻底知道是错误的。如一般人总以为事物有不变性的、独存性的、实在性的东西,总以为这是千真万确的。其实,事物哪里是这样? 一切事物都是变动的、假合的、非实在的,即是毕竟空的。然而常识不以为然,即科学与哲学家,也只达到部分的近似。科、哲学家虽能推知世间某些常识是错误的,然仍不彻底,因为常识和科、哲学家的推论,都是依据见闻觉知为基本的,而五根的触境生识,是静止的、孤立的、取为实在性的。而无始来习以为性的意识,也不能免除自性的妄见。佛法能从根识及意识的认识中,彻底掀翻自性的妄见,这才能契入究竟的真理。所以,佛法教人修定习慧——般若,根除心理上的错误,通达法性空即无常无我涅槃寂静,亲切证验,做到去来坐卧莫不如此。

依般若慧体验真理,根除内心中的错误,导发正确的行为,则烦恼可除,生死可解。论到内心中的错误根本,即是执为实有自性而是常是我的,略可分为二类:(一)我执,(二)法执。法执,是在一切法上所起的错误,其中最根本的执著,即有情——人们在见闻觉知上不期然而起的含摄得不变性、独存性的实在感。众生于中起执,不是全由意识计度得来,在五根对境时,影像相生,即不离此实在感;意识再继之以分别,于是妄执实有自性。一切的错误,根源于此,举凡宗教上的天神,哲学上的实体、本体,都从这种错误而来。我执,这是对于有情不悟解为因缘幻有而执有不变性、独存性、实在性。我即有情,不外是因缘的聚合,有什么实在性、不变性,如一般所计执的个体、灵、神我? 特别是人们直觉的,于自身中计执有我——萨迦耶见,于所对的一切事物,以己意而主宰它,即计为我所。这种我——有我必有我所的计执,在生死轮回中,实为一切执著一切苦痛的根本。我执和法执的对境虽有不同,然计执为不变性、自在——独自存在性、实在性,是一样的。于自身中所起实有自性执,名为我执;在诸法上所起的执著,名为法执。此二执中,我执更为重要。世间自私自利的,不免要受大家的批评,其所以自私自利者,即因内计有我,求我之扩展,以一切为我所,于是只问目的不择手段。佛法首先教人除却我执,我执没有了,即能契合于缘起的正理,符合于群众的正义,行为自然合理了。一己的私蔽虽去,而众生的我执还在,于是起怜愍心,愿使一切众生同离我执,共证无生。佛法把引生错误思想、不道德行为的我执彻底揭发出来,使人能离自我见,建立一切合理的道德,而苦痛的生死流转也就能从此解脱。

　　我执和法执,为出生一切错乱苦痛的根本,而我执尤为根本。我们要断除烦恼,必先除掉这生起烦恼的根本——我执。佛世,弟子们根利慧深,佛为他们说无我,弟子们即能了达无我性空。后人不解佛意,于是听说无我,转执法有;为了对治它,所以大乘经特详法空。罗什法师答慧远法师书,曾谈到此义。所以学者应当了知空——即无常无我涅槃,是佛法中的最高真理,应遍观一切法空。但博观必须反约,要在妄执根本、生死根本的我执中,深观而彻底通达无性。这根本的我执破除了,其他的一切错误也就可以破除以及渐渐破除了。修学佛法,应先从舍离我执——悟入即空的无我入手。

　　三、般若波罗蜜多心经:波罗蜜多,是度一切苦厄;般若,是解除苦痛的主要方法;此经就是显示这出苦主要方法的精要。心,可以有多种的解释,然此处取心要、精要的意思。

　　佛法有五乘的差别,五乘都是佛法,究竟哪些是最主要的呢?佛为一些根机浅的,但教他受持三归,奉守五戒,乃至教他修四禅、四无色等定,这是世间的人、天乘法。又印度人一向着重山林的生活,偏于自了,佛为适应这一类的根机,为说声闻、缘觉乘法,使从持戒修定发慧的过程,解脱一己的生死苦痛。这些,都不是究竟的佛法,不是契合佛陀本怀的佛法。唯有菩萨行的大乘法,才是佛法中最究竟的心要。大乘法可以从三个意义去了解:(一)菩提心,菩提心即以长期修集福德智慧,乃至成最后圆满的遍正觉,为修学佛法的崇高目标,坚定信愿以求其实现。(二)大悲心,菩提心是从大悲心生起的,大悲心是对于人世间一切苦痛的同情,想施以救济,使世间得到部分的与究竟圆满的解脱自在。有情——人是互相依待而存在的,如他人不能脱离苦痛,即等于自己的缺陷,所以大乘要以利他的大悲行,完成自我的净化。(三)般若慧,有了崇高的理想、伟大的同情,还要有了达真理的智慧,才能完成圆满的人生——成佛。以此三种而行六波罗蜜多,是大乘佛法的特质。般若波罗蜜多,即大乘六波罗蜜多的别名,所以般若波罗蜜多心经,可解说为大乘心,大乘法即佛法的心要。

　　然大乘中法门很多,在很多的大乘法门中,般若波罗蜜多又算是主要中之最主要了。因为修学大乘的菩萨行,无论是利济他人或是净化自己,都需要般若的智慧来领导——不是说只要般若。布施乃至禅定,世间外道也有,算不得是佛法中的特法。《般若经》里常说:般若为导。若没有般若,一切修行皆成为盲目的,不是落于凡外——人天,就是堕于小乘——声闻、缘觉。从教典说:"一切经中般若经最大。"因为《般若经》是特别发扬般若的体悟宇宙人生真理的,所以《般若经》在一切经中为最大。在全体大乘法中,般若波罗蜜多及其经典最为精要。所以,《般若波罗蜜多心经》用六离合释来说,是持业释,般若波罗蜜多即是心。

更进一层说,此经是一切般若经的心要:般若经的部帙繁多,文义广博,此经以寥寥二百余字,摄之净尽,可说是《般若波罗蜜多经》的心要了。

上面所说的心义,一、整个佛法以大乘佛法为主要为中心;二、大乘法中以般若波罗蜜多法为主要为中心;三、般若波罗蜜经中,又以此经为主要为中心,所以名为《般若波罗蜜多心经》。

经,梵语修多罗,译为线,线有贯摄零星散碎的功能。佛弟子将佛所说的法,依文义次第,结集成章成部,如线贯物一样。能历久不失,所以名为修多罗。中文的经字,本也是线,如织布有经线纬线。后人以古代有价值的典籍为经,渐渐附以可依可法的尊贵意思,所以佛典也译之为经了。

二　释译题

唐三藏法师玄奘译:此经是从梵文译过来的,译者是我国初唐时最享盛名的玄奘法师。《心经》的译本,截至清季就有七种。最早的是罗什法师译的;奘译是七译中的第二译,在中国最为盛行。师俗姓陈,河南人。出家后遍学三藏,于经论深义有疑莫决,于是即萌到印度求法的志愿。于贞观元年,潜出国境,冒险犯难西行,终于在印广学教法,经十七年,于贞观十九年学成归唐,朝野崇敬备至,于是立寺翻经,为我国译经史上的权威者。若欲详知奘师历史,请读《大唐慈恩三藏法师传》。

正　释

　　经文都有初中后三分：初即序分，叙说法时、处、因缘、听众等。中为正宗分，正说当经义理。后为流通分，即经末信受奉行、作礼而去等。今此《心经》，无首无尾，辟头一句，就是"观自在菩萨行深般若波罗蜜多时"。但赵宋施护的译本，三分具足。有人说奘师译的是略本，所以不具三分。然从另一观点看，奘师所译的《心经》，才是《心经》原型。此经本是《般若波罗蜜多经》中的心要，在六百卷的《般若经》里，有《学观品》，此品有与本经几乎完全相同的文句，不但不是观自在菩萨说的，而是佛直接向舍利子说的。此经应该是《大般若经》里的精要部分，古德为了易于受持，特地摘出来单行流通，所以名为《般若波罗蜜多心经》。这样，本经没有首尾，不是更合理吗？后人以为经有三分，见此经首"观自在菩萨"一句，于是即将此经添足三分，而作为观自在菩萨所说的了。

甲一　标宗

观自在菩萨，行深般若波罗蜜多时，照见五蕴皆空，度一切苦厄。

　　此是总标,以下即是解释此三句的。此三句中有人有法,有因有果。观自在菩萨,是能修般若法门者。行深般若波罗蜜多时,照见五蕴皆空,即是所修观法。修般若波罗蜜多,通达五蕴皆空,即是因;由此体达空性而能度一切苦厄,即是果。

　　“观自在菩萨”,即般若观慧已得自在的菩萨,不一定指补怛落迦的观世音菩萨。菩萨是依德立名的,有某种特殊功德,即名他为某某。《华严经》每有若干同名同号的菩萨,即由于此。所以,谁有观自在的功德,谁就可以称为观自在。观是对于宇宙人生真理的观察,由此洞见人生的究竟。下文照见,即是般若观慧的作用。自在即是自由,摆脱了有漏有取的蕴等系缚,即得身心的自由自在。用经文来解释,照见五蕴皆空即是观,度一切苦厄即得自在。由此,观自在菩萨可作两说:一、特别指补怛落迦的观自在菩萨。二、凡是能观察真理获得痛苦解脱者,都名观自在菩萨——本经指后者。经上说八地以上的菩萨,得色自在、心自在、智自在,为菩萨的观自在者。然菩萨登地,通达真理,断我法执,度生死苦,即可名观自在。就是胜解行者,能于毕竟空观修习相应,也可以随分得名观自在了。

　　“菩萨”,梵语应云菩提萨埵。菩提译为觉悟,对事理能如实明白,了知人生的真意义,由此向人生的究竟努力以赴。这不是世间知识所知,唯有般若慧才能究竟洞见的。佛是具有最高觉悟者,菩萨即以佛的大觉为理想的追求者。萨埵译为有情,情是坚强意欲向前冲进的力量。人和一般动物,都有这种紧张冲动的力量,所以都是有情。有的譬喻为金刚心,就是说明这种坚忍的毅力。合起来,菩提萨埵译为觉有情,有觉悟的有情,不但不是普通的动物，就是混过一世的人，也配不上这个名称。必须是了知人生的究竟所在，而且是为着这个而努力前进的，所以菩萨为一类具有智慧成分的有情。又可以说：菩提萨埵是追求觉悟的有情。有情虽同有紧张冲动的活力，可惜都把他们用在食、色、名位上。菩萨是把这种强毅的力量，致力于人生究竟的获得，起大勇猛，利济人群以求完成自己，就是吃苦招难，也在所不计，所以经里常常称赞菩萨不惜牺牲，难行能行。以坚毅的力量求完成自己的理想——觉悟真理、利济人群、净化自己，这才不愧称为菩萨。又，觉是菩萨所要追求的，有情是菩萨所要救济的。上求佛道、下化有情，就是这觉有情的目的和理想。由此看来，菩萨并不意味什么神与鬼，是类似世间的圣贤而更高尚的。凡有求证真理、利济有情的行者，都可名菩萨。修到能照见五蕴皆空，度脱一切苦厄，即是观自在菩萨。此明能观的人。

　　"行深般若波罗蜜多时"，此说观自在菩萨所修的法门。智慧，是甚深的。深浅本是相对的，没有一定的标准，但此处所说的深，专指体验第一义空的智慧，不是一般凡夫所能得到的，故名为深。《般若经》里，弟子问佛：深奥是何义？佛答以："空是其义，无相、无愿、不生不灭是其义。"这空无相无愿——即空性，不是一般人所能了达的，所以极为深奥。《十二门论》也说："大分深义，所谓空也。"

　　能"照见五蕴皆空"的，即是甚深般若慧。般若的悟见真理，如火光的照显暗室，眼睛的能见众色一样。五蕴，是物质精神的一切，能于此五类法洞见其空，即是见到一切法空。有的译本，在五蕴下加个"等"字，即等于下文所要讲的十二处、十八界、四谛、十二缘起等。空性,是要在具体的事实上去悟解,依有明空,空依有显,若离开了具体存在的事物,也不知什么是空了。所以佛经明空,总是带着具体的事实的,如说五蕴空、十二处空等。蕴,是积聚的意思,即是一类一类的总聚。佛把世间法总分为五类:色、受、想、行、识。一切物质的现象,总摄为色;精神的现象,开为受、想、行、识四种,总名之曰五蕴。色蕴的色,不是青黄等色,也不是男女之色。此色有二义:一、质碍义,二、变坏义。质碍义者:凡是有体积、占有空间位置的,如扇子有扇子的体积和扇子所占据的方位,钟有钟的体积和钟所占据的方位;扇子与钟都是有质碍的,两者相遇即相障碍而不能并容。变坏义是:有体积而存在的,受到另一质碍物的冲击,可能而且是终久要归于变坏的。有此二义,即名为色,即等于近人所说的物质。旧科学家所说物质最终的单元,依佛法也还是要变坏的。常人见到现存事物的表面,不了解事物内在的矛盾,于是设想物体最后固定的实体。其实,一切色法——物,自始至终即在不断的冲击、障碍,向着变坏的道路前进。

关于心理活动,佛把它分为受、想、行、识。心理现象不如物质现象的容易了知,最亲切的,要自己从反省的工夫中去理解。佛观察心理的主要活动为三类:一、受蕴:在我们与外境接触时,内心上生起一种领纳的作用。如接触到可意的境界时,内心起一种适悦的情绪,这名为乐受;接触到不适意的境界时,内心起一种不适悦的情绪,即是苦受。另有一种中容的境界,使人起不苦不乐的感觉,此名舍受。二、想蕴:想是在内心与外境接触时,所起的认识作用,举凡思想上的概念以及对于外境的了解、联想、分析、综合都是想的作用。三、行蕴：此行是造作的意思，与外境接触时，内心生起如何适应、改造等的心理活动，依之动身发语而成为行为。行是意志的，以此执行对于境界的安排与处理。其他的心理活动，凡是受、想所不摄的，都可以包括在这行蕴里。四、识蕴：此也是心理活动，是以一切内心的活动为对象的。就是把上面主观上的受、想、行等客观化了，于此等客观化了的受、想、行，生起了别认识的作用，即是识蕴。识，一方面是一切精神活动的主观力，一方面即受、想等综合而成为统一性的。

　　这五蕴，是佛法对于物质、精神两种现象的分类。佛不是专门的心理学家或物理学家，佛所以要这样说的，是使人由此了知五蕴无我。一般人总直觉有一个自我存在，佛为指出自我是没有的，有的不过是物质与精神现象所起的协调作用而已。若离此五蕴，想找一实体的自我，是找不到的。身体是色，情绪上的苦乐感觉是受，认识事物的形相是想，意志上所起的欲求造作是行，了别统摄一切心理活动的是识，除此各种活动以外，还有什么是实体的自我呢？佛为破众生实我计执，故说五蕴。有些小乘学者以为佛说五蕴无我，我确是无的，而五蕴法是有情组织的原素，是实有的。这是不知佛意，我执虽稍稍除去，法执又转深，故说：五蕴皆空。五蕴中的自我固不可得，五蕴法的自身也不可得。因为五蕴法也是由因缘条件而存在的，由此所起的作用和形态，都不过是关系的假现。如五蕴的某一点是真实的，那么，这就是我了。真实的自我不可得，故五蕴皆空。但这种假现的作用与形态，虽空而还是有的。如氢氧合成的水，有解渴、灌田、涤物等作用,有体积流动的形态,从此等形态作用上看,一般即认为是实有的。然若以甚深智慧来观察,则知任何作用与形态都是依关系条件而假立的,关系条件起了变化,形态也就变化了,作用也就不存在了。事物若是有实体性,则事物应永远保持它固有的状态,不应有变化,应不受关系条件的变动。事实上,一切法都不是这样,如剥芭蕉一样,剥到最后,也得不到一点实在的。诸法的存在是如幻不实的,需要在诸法的当体了知其本性是空,这才不会执为是实有了。

一分学者,以为我无而法有,这是因于智慧浅薄的缘故。在同一因缘法上,智慧深刻者即能知其法空,所以说行深般若波罗蜜多时,照见五蕴皆空。有的译本,译"照见五蕴皆空"为"照见五蕴等自性皆空",自性就是含摄得不变、独存的实体性,此实体性不可得,故曰皆空,而不是破坏因缘生法。空从具体的有上显出,有在无性的空上成立,空有相成,不相冲突。这和常人的看法很不相同,常人以为有的不是没有,空是没有的不是有,把空和有的中间划着一条不可沟通的界限。依般若法门说:空和有是极相成的,二者似乎矛盾而是统一的。佛法是要人在存在的现象上去把握本性空,同时在毕竟空的实相中去了解现象界的缘起法。能这样的观察、体验,即得度一切苦。彻底地度苦,必须体验空性,了知一切法空,生死间的苦痛系缚才能彻底解除,所以在说了"照见五蕴皆空"后,接着说"度一切苦厄"。苦是苦痛,厄是困难。众生的苦痛困难,不外内外两种:属于内自身心的,如生老病死等;属于外起的,如爱别离、怨憎会、求不得等。这一切的苦难,根源都在众生把自己看成有实体性而起,大至一国,小至一家,互相斗争,苦痛丛生,即都是由于不了我之本无,于是重自薄他,不惜牺牲他人以满足自己。我这样想这样做,你也这样想这样做,于是彼此冲突,相持不下,无边苦痛就都跟着来了。若知一切法都是关系的存在,由是了知人与人间是相助相成的,大家是在一切人的关系条件下而生活而存在,则彼此相需彼此相助,苦痛也自不生了。物我、自他间如此,身心流转的苦迫也如此。总之,若处处以自我为前提,则苦痛因之而起;若达法性空——无我,则苦痛自息。菩萨的大悲心,也是从此而生,以能了知一切法都是关系的存在,救人即是自救,完成他人即是完成自己,由是牺牲自己,利济他人。个人能达法空,则个人的行动合理;大家能达法空,则大家行动合理。正见正行,自能得到苦痛的解放而自在。

以上是经的总纲,下面依此广释。

甲二　显义

乙一　正为利根示常道

丙一　法说般若体

丁一　修般若行

戊一　广观蕴空

己一　融相即性观——加行

舍利子！色不异空,空不异色;色即是空,空即是色。受、想、行、识,亦复如是。

这是解释总标中"五蕴皆空"的。五蕴为什么是空的？欲说明此义，佛唤"舍利子"而告诉他。舍利子是华梵合璧的名词，梵语应云舍利弗多。弗多即子义，舍利是母名。印度有鸟，眼最明利，呼为舍利；其母眼似舍利，因名为舍利。舍利所生子，即曰舍利子，从母得名。舍利子在佛弟子中，智慧第一。本经是发挥智慧的，故佛唤舍利子以便应对。

佛明五蕴皆空，首拈色蕴为例。色与空的关系，本经用不异、即是四字来说明。不异即不离义、无差别义。色离于空，色即不成；空离于色，空亦不显。色空、空色二不相离，故说"色不异空，空不异色"。有人听了，以为空是没有，色是有，今虽说二不相离而实是各别的，空仍是空，色仍是色。为除此种计执，所以佛接着说："色即是空，空即是色。"即表示空色二不相离，而且相即。

佛法作如是说，有其特殊意义。印度的一分学者，以为涅槃与生死、烦恼与菩提，是不相同的两回事，离了生死才能证得涅槃，离了烦恼才能获得菩提。生死和烦恼是世间杂染法，涅槃、菩提是出世清净法，染净不同，何得相即？这种见地，是从他们的宗教体验而得来。宗教体验，世间的一般宗教，如耶、回、印度教等，也都有他们的体验，如上帝、真宰、梵我等。若说他们都是骗人的，决不尽然，他们确是从某种体验，适应环境文化而表现出来的。不过体验的境地，有浅深，有真伪。佛法的目的，在使人净除内心上的错误——烦恼，体验真理，得到解脱——涅槃。一分学者依佛所说去持戒修定净除烦恼，体验得"超越"现象的，以此为涅槃。于是，以为世间和涅槃是不同性质的。在修行的时候，对于世间法，也总是远离它，放身山林中去，不肯入世做度生的事业。这种偏于自了的超越境,是不究竟的,所以被斥为沉空滞寂者。真正的涅槃空寂,是要在宇宙万有中,不离宇宙万有而即是宇宙万有的。因此,修行也不同,即于世间利生事业中去体验真理,净化自己。古德说:"佛法在世间,不离世间觉。"觉悟即在世间法而了达出世法,由此大乘能入世度生,悲智双运。有所得的小乘,体验到偏于"超越"的,于是必然地走入厌离世间的道路。龙树菩萨在《智论》里讲到"色不异空,空不异色;色即是空,空即是色"时,即以《中论》生死涅槃无别去解说。大乘的体验,不妨说是"内在"的。论到宗教的体验,有人以为这是一种神秘经验,既称为神秘的,此中境界就不是常人所能了解。因之,经验的是否正确,也无从确论。现见世间一般宗教,他们依所经验到而建立的神、本体等,各不相同,如耶教的上帝、印度教的梵我,所见不同,将何以定是非? 依佛法,这是可判别的,一方面要能洗尽一切情见,不混入日常的计执;一方面要能贯彻现象而无所碍,真俗二谛无碍的中道,即保证了佛法的究竟无上。佛法是贯彻现象与本体,也是贯通宗教与哲学,甚至通得过科学的,所以有人说佛法是科学而哲学的宗教。

从理论上说,色(一切法也如此)是因果法,凡是依于因缘条件而有的,就必归于空。如把因果法看成是有实自性的,即不成其为因果了。因法的自性实有,即应法法本来如是,不应再借因缘而后生起;若必仗因缘而能生起,那法的自性必不可得。由此,一切果法都是从因缘生,从因缘生,果法体性即不可得,不可得即是空,故佛说一切法毕竟空。反之,果法从因缘有,果法的作用形态又不即是因缘,可从因缘条件有,虽有而非实有,故佛说一切法缘起有。可知色与空,是一事的不同说明:所以色即是空,空即是色。常人于此不了解,以为空是没有,不能现起一切有。不知诸法若是不空,不空应自性有,即一切法不能生。这样,有应永远是有,无应永远是无。但诸法并不如此,有可以变而为无,无的也可由因缘而现为有,一切法的生灭与有无,都由于无自性毕竟空而得成立。性空——无不变性、无独立性、无实在性,所以一切可现为有,故龙树菩萨说:"以有空义故,一切法得成。"本经所说:"色即是空,空即是色",即说明此空色不相碍而相成的道理。经中接着说:"受想行识,亦复如是。"这是说:不但从色的现象说色不异空,乃至空即是色,若从受的现象上说,也是受不异空,空不异受;受即是空,空即是受的。想与行识,都应作如是说。空是一切法普遍而根本的真理,大至宇宙,小至微尘,无不如此,即无不是缘起无自性的。能在一法达法性空,即能于一切法上通达了。

己二　泯相证性观——正证

舍利子! 是诸法空相:不生不灭,不垢不净,不增不减。是故空中无色,无受想行识。

上面讲菩萨依般若通达五蕴——物质现象与精神现象空,现象与空寂,是相即不相离的。这从有空的相对性而观察彼此相依相成,得二谛无碍的正见,也即是依缘起观空,观空不坏缘起的加行观,为证入诸法空相的前方便。由此引发实相般若,即能达到"般若将入毕竟空,绝诸戏论"的中道实证。上来说:一分学者不能得如实中正的体验,于现象与空性、生死与涅槃相碍,成为厌离世间的沉空滞寂者。解除此项错误,必须了达空有相即——生死即涅槃、烦恼即菩提,成为入世度生的悲智双运。但如滞留于此,不能亲证空性,戏论于"有即是空,空即是有",即偏于内在的,即每每会落入泛神、理神的窠臼,甚至圆融成执,弄到善恶不分,是非不辨。不知《华严经》说:"有相无相无差别,至于究竟终无相";《中论》说:"众因缘生法,我说即是空,亦为是假名,亦是中道义;未曾有一法,不从因缘生,是故一切法,无不是空者。"无不从有空相即的相待,而到达毕竟空寂的绝待的。所以本经在说不异、即是以后,接着说"是诸法空相……空中无色,无受想行识"。

诸法,指一切法。空相作空性解。性与相,佛典里没有严格的分别,如实相、实性,译者常是互用的。空相——空性,即一切法的本性、自性,一切法是以无自性为自性,自性即是无自性的。色、受、想、行、识,本为世俗常识的境界,经说色即是空,空即是色,在使从空有相即的相对观中,超脱空有相待而亲证无色、受、想、行、识的空性。此空性,本经以不生不灭、不垢不净、不增不减来表示它。中道实证的空性,不但不是与有相对差别的,也还不是相即一体的;是从相待假名的空有相即,冥契毕竟寂灭的绝待空性。这用世间任何名字来显示,都是不恰当的,在毕竟清净纤尘不立的意义上,空,还近似些,所以佛典里都用空——无、非、不等字来显示。然空性是意指即一切法而又超一切法的,用世间的名言来显示,总不免被人误解!语言和思想,都不过是世间事物的符号。世间的事物,语言思想都不能表现出它的自身,何况即一切法而超一切法的空性呢?空性亦不过假名而已。空性,不是言语思想所能及的,但不是不可知论者,倘能依性空缘起的正论来破除认识上的错误——我执法执,般若慧现前,即能亲切体证,故佛法是以理论为形式而以实证为实质的。真能证得空性,是即一切而超一切的,所以本经结论说:是故空中无色,无受想行识。此空中无色等,从相即不离而证入,所以与一分学者的把生死涅槃打成两橛者不同。佛法的中道实证,可说是内在的超越——证真,这当然即是超越的内在——达俗。中国的部分学者,不能体贴经义,落入圆融的情见,以为色不异空是空观;空不异色是假观;色即是空,空即是色是中道观。本经即是即空即假即中的圆教了义。假定真是如此,那经文应结论说:是故即空即色,即色即空才是。但经文反而说:是故空中无色,无受想行识。他们为了维持自己,于是割裂经文,以为前四句明圆教,而空中无色等,是结归通教。当然,经义是可能多少异解的,但经义尤其是简短的本经,应有一贯性,不是随意割裂比配可以了事的。应该明白:菩萨修学般若时,观察诸法从缘起,所以自性空;诸法自性空,所以从缘起。了知空有相依相成,实没有诸法自性可得;入地才能如实证见一切法毕竟空性——即根本智证真如,幻相不现。所以本经首标五蕴皆空,次说五蕴皆空的理由:色不异空,空不异色;色即是空,空即是色。由此为观察方法而后能得实证的结果:是诸法空相……是故空中无色,无受想行识。这是佛门中道实证的坦途,切莫照着自己的情见而妄说!

　　不生不灭等三句,是描写空相的,空性既不是言思所能思议,这只有用离言思的方法去体证。如我们未能证得,不解佛说的意趣,那就是佛再说得多些,明白些,也只有增加我们的误会。

这如从来没有见过白色的生盲，有人告诉他说：如白鹤那样白，盲人用手扪摸白鹤，即以为白是动的。有人告诉他说：不是动的，白如白雪那样白，盲人又以为白是冷的。结果都不能得到白的本相，我们对于真理——空性，也是这样。所以佛不能为我们直说，不能用表显的方法，而用遮显的，这如绘画的烘云托月法，从侧面的否定去反显它。本经所说的空相，是不生不灭、不垢不净、不增不减。这六不、三对，即是对我们一切法的种种认识予以否定，使我们从此否定悟入诸法的空性。这里所应注意的：为什么要举生灭、染净、增减，一对一对的法加以否定呢？这就是说明我们的言语思想，都是有限的相对法，世间的一切存在也没有不是相对的。即使说绝对的，绝对又是对相对而说的，称为绝对，也还是不离相对。一切法没有不是相对的，相对的即是缘起幻相，不能显示即一切又超一切的空性。佛把这些相对的都否定了，从此否定的方式中显示绝对的空性。龙树说"破二不著一"，所以这些相对的——二法否定了，我们不应执为一体，如还有所执，还是不对的。用否定来显示法空性，不是把现象都推翻了，是使我们在即一切法上了知超越相对的空性；这超越相对的空性，是内在的超越，不单是内在的，或超越的。所以，即超越的内在，能成立那不碍空性的生灭、染净、增减等等缘起法。至于本经只举此六不三对来显示空性，不多不少，这可以说有理由，也没有理由。依世间所知的方面讲，以六不三对来显示，有它恰当的意义。生灭，是就事物的自体存在与不存在上说的：生是生起，是有；灭是灭却，是无。垢净，是就性质上说的：垢即是杂染，净是清净。增减，是就数量上说的：增即数量增多，减即减少。世间的一切事物,不外是体性的有无、性质的好坏、数量的多少。如一个团体,团体的存在与否,这是生灭方面的;团体健全、堕落,前进或反动,是垢净方面的;团体的发展或缩小,是数量方面的。任何一法,都不出此体、质、量三者,所以本经特举此三对。如专约菩萨的证入空相说,即通达诸法自性空,空非先有后无,或本无今有的,所以说不生不灭;空性离烦恼而显,然在缠不染,离缠也并非新净;空不因证而新得,不因不证而失去,所以也就没有增减。此究竟真理——毕竟空,只是法尔如此。悟入毕竟空性,离一切相,所以说:是故空中无色,无受想行识。

戊二 略观处界等空

无眼耳鼻舌身意,无色声香味触法。

此下说处界缘起等空,先明十二处空。十二处,也是一切法的分类,但与五蕴不同。十二处是把宇宙间的一切现象,总分为能取所取:能取是六根,即眼、耳、鼻、舌、身、意;所取是六尘,即色、声、香、味、触、法。这是认识论的分类法。我们所以有种种认识,是因为内有能取的六根为所依,外有所取的六尘为对象。眼等前五根,不是可见的眼、耳、鼻、舌、身,这不过扶护五根的,名为扶根尘。眼、耳等根,是一种极其微细的物质,类如生理学家所说的视神经等,佛法名此为净色根,有质碍而不可见。意根,也有说为微细物质的,这如生理学家所说的脑神经,是一切神经系的总枢。据实说,此意根和我们的肉体——前五根有密切的关系,它接受五根的取得,也能使五根起用;它与物质的根身不相离,但它不仅是物质的,它是精神活动的根源,不同一般唯物论者,说精神是物质派生的。此六根是能取方面的,眼根所取的是色境,即青、黄、赤、白——显色,长、短、高、下、方、圆——形色等;耳根所取的是声音;鼻根所取的是香臭;舌根所取的是味,即酸、甜、苦、辣等;身根所取的是触,即冷、暖、细、滑、粗、涩、软、硬等;意根所取的是法境,法即内心的对象,如在不见不闻时,内心所缘的种种境界,如受、想、行,叫做法尘。我们的认识活动,不离此能取所取,这两大类总有十二种。十二种都名为处,处是生长义,即是说:这是一切精神活动所依而得生起的。佛说此十二处,主要的显示空无自性。从根境和合而起识,根与境都是缘生无自性,无不皆空。常人于见色闻声等作用,以为因我们内身有此见等的实体——我。这是不对的,如必有此见等实体,不从因缘,那应该常能见色等,不必因缘了。在不见境的时候,此见在内,应见自己,而实则不是这样的。见色闻声等作用,必要在能取的根与所取境和合而后起,可见执见闻觉知为我,极为错误,而应知眼等空无我了。菩萨行深般若波罗蜜多时,照见此十二处空。经文也应说:眼等不异空,空不异眼等;眼等即是空,空即是眼等……是故空中无眼耳等,这是简略可知了。

无眼界乃至无意识界。

此明十八界空。“乃至”是超越词,当中包括耳界、鼻界、舌界、身界、意界,色界、声界、香界、味界、触界、法界,眼识界、耳识界、鼻识界、舌识界、身识界,合经文所出的“眼界”、“意识界”,总成十八界。十八界中的前十二界,即前十二处,由六根对六尘而生起的认识作用——从意根中现起,即六识界。为什么六根、六尘、六识都叫做界呢？今取种类义。这十八类，虽是互相关系的，然在各各的作用分齐上，又是各各差别的，不相混淆的。如眼根能见此桌的黑色，身根能触此桌的硬度，意根生意识，即是综合的认识。十二处，从精神活动生起的依止处说，明见闻觉知的缘生无我。此十八界是从完成认识作用不同说：从认识的径路说，有六；从构成认识的主要条件说，有三——根、境、识。这样，共有能取的六根，所取六尘，及根尘和合所发六识，总成为十八界。也即因此而明无我——界分别观。这种认识作用的分类，和唯物论者不同。唯物论者说：我们的认识活动，是外境于神经系作用摹写，即但有根与境而没有识的独特地位。依佛法，依根缘尘起识，虽相依不离而成认识活动，但在幻现的假相上，有它不同的特性，依各别不同的特性，不能并归于根或并归于境，故佛法在根境外建立六识界。根、境、识并立，所以也不是唯心的。有情的活动，是有物理——色等、生理——眼等、心理——眼识等的三种现象的。以此十八界明无我，而十八界各各是众缘所成的，求其实性不可得，故也是毕竟空寂。

无无明，亦无无明尽；乃至无老死，亦无老死尽。

此观十二缘起性空。十二缘起：即无明缘行，行缘识，识缘名色，名色缘六入，六入缘触，触缘受，受缘爱，爱缘取，取缘有，有缘生，生缘老死。此十二支，为何名为缘起呢？简单说：缘起就是因此而有彼的意思。经上说："此有故彼有，此生故彼生。"这缘起的法则，说明诸法是互相依待而有的。有此法的存在，才有彼法的存在，有此法的生起，才有彼法的生起。世间一切因果法的存在，都是这样的。如推求为什么而有老死？结果知道老死是由于有生。凡是有生的,就必然地要有老死,虽寿命长短不一,死的情形各殊,然死的结果一样。我们现见事物的存在,不过因某些条件在保持均衡状态罢了,条件若是变迁了,事物即不能存在。有生必有死,所以基督教所说的永生、道教的长生,都是反真理而永不兑现的诳话。生又是从何而有的呢? 佛说:有缘生。有,即是已有当生果法的功能,如黄豆有发芽、长叶、开花、结果等功能,近于常人所说的潜能,有生起的潜能,即有果生,无即不生,故推求所以有生的结论,是有缘生。如此一层层地推求观察,达到无始以来的无明。无明即没有智慧,即障碍智慧通达真理的愚痴,执一切法有自性。这种晦昧的心识,是一切错误的根本,爱取等烦恼都可以包括在内。但这不是说推至无明,我们的生命就到尽头。有生死身,所以有无明的活动,所以无始来的无明招感生死,依生死身而又起无明,如环的无端。此是流转生死的十二过程,生死流转,即是如此的。佛菩萨等解脱生死苦已,就在了知十二缘起的法则,"此有故彼有,此生故彼生"。把握其流转的原因,于是控制它、转变它。此流转中的缘起法,其性本空,无实体性,故此经说:"无无明……无老死。"无明至老死,是可以消除的,于是佛又说缘起的还灭门,无明尽……老死尽。尽即灭的意思,此还灭的十二缘起,即无明灭则行灭,行灭则识灭,识灭则名色灭,名色灭则六入灭,六入灭则触灭,触灭则受灭,受灭则爱灭,爱灭则取灭,取灭则有灭,有灭则生灭,生灭则老死等灭。事物的生起由于因缘,事物的消灭也是由于因缘,生起与消灭都是因果现象的,所以还灭门中的清净法也是缘起的。佛说此还灭缘起,为"此无故彼无,此灭故彼灭"。既灭与无是缘起于生的否定,是不离缘起的,缘起性空,此无明灭到老死灭,当然也是空无自性了。所以本经说:"无无明尽……无老死尽。"此十二缘起与蕴、处、界法不同,蕴、处、界是一切法的分类,是具体的事实。此缘起法也可说是事实,如老死、生、有等都可是事实的现象,然缘起法重在说明诸法的彼此依存性、前后程序性,即重于因果的理性。这种理性,是一切法的必然法则,如生缘老死,生与老死之间,有一种不变不移的必然关系,佛在复杂的现象中把握它彼此与前后的必然法则,于是对流转的杂染法与还灭的清净法,能正确地悟解它,进而改善它。缘起的意义很深,所以佛对多闻第一的阿难说"缘起甚深"。缘起是生死流转,涅槃还灭法的道理,依缘而起的一切,不含有一点的实在性,所以菩萨修般若时见十二缘起毕竟空,没有生起相,也没有十二缘起的灭尽相。如《大般若经》说:"菩萨坐道场时,观十二因缘如虚空不可尽。"

无苦集灭道。

　　此观四谛空。人有生、老、病、死、爱别离、怨憎会、求不得等苦,虽有时少有所乐,然不究竟,终必是苦。人生是苦,谛实不虚,名苦谛。苦的原因,为无明、爱、见等烦恼,由此为因而引起苦果,名为集谛。从因生果,非不可灭,苦灭即得解脱,是灭谛。欲得苦灭,须依灭苦之道,道即道路方法,由此可以脱苦,如八正道、六波罗蜜多,是道谛。谛是真实不颠倒义,四谛即是四种真理,亦名四种真实。此也不但是苦等事实,在此等事实中,所含正见所见的苦等真理,也称四圣谛,因为这唯有圣者能真实通达。此四圣谛与十二缘起同是诸法的理性,有不可变易的意义,如《佛遗教经》说："月可令热，日可令冷，佛说四谛，不可令异。"
苦集二谛明有漏的世间因果，灭与道谛明清净的出世间因果。
世出世间都有因有果，所以分为四谛。染净因果法，一切从众缘
起，缘起无自性，故菩萨修般若时，观此四谛毕竟空，即不碍四谛
的一实谛。参看《中论》的《观四谛品》。

无智亦无得。

　　此观能证智与所证理空。奘法师在《般若·学观品》，译智
为现观，此处随顺罗什三藏的旧译。现观，即是直觉的现前观
察，洞见真理。有能证的现观，即有所证的真理。"智"是能观，
"得"为所观；"智"为能得，"得"是所得。所证所得，约空有说，
即空性；约生死涅槃说，即涅槃；约有为无为说，即无为。总之，
对智为理，对行为果。此智与得，本经皆说为"无"者，此是菩萨
般若的最高体验。在用语言文字说来，好像有了能知所知、能得
所得的差别；真正体证到的境界，是没有能所差别的。说为般若
证真理，不过是名言安立以表示它，而实理智是一如的，没有智
慧以外的真理，也没有真理以外的智慧——切勿想像为一体。
能所不可得，所以能证智与所证理，也毕竟空寂。前说五蕴、十
二处、十八界空，此是就事象的分类说，属于事；十二缘起、四谛，
是从事象以显理说，属于理。又十二缘起、四谛是观理，智得是
证果。此事象与理性，观行与智证，在菩萨般若的真实体证时，
一切是不生不灭、不垢不净、不增不减的，一切是毕竟空寂，不可
拟议的。

戊三　结显空义

以无所得故。

这是对于照见一切皆空所提出的理由。一切法所以无不皆空,有以为空是外境空,内心的精神不空,这是境空心有论者。有以为空是除去内心的错误,外境不空,这是心空境有论者。这都是偏于一边,不得法的实相。真空,要在一切法自性不可得上说:五蕴、十二处、十八界、缘起、四谛、智、得,求自性本不可得,因为法法的自性不可得,所以是空。如蕴等是有自性的,今观其不可得,反而是错误了。因诸法本性是不可得的,不过众生未能彻悟而已;不可得的,还它个不可得,直显一切法的本来,所以说"以无所得故"。一切法本性不可得,众生以无明而执为实有。如童孩见鬼神塑像,不由地害怕起来,这因为不知假名无实,执有实鬼。闻名执实,这是众生不得解脱的唯一根源,即是无明,以有所得心求一切法。今菩萨般若以无所得慧照见五蕴等一切法空,由此离我法执而得解脱。从理论上说,以一切法本不可得,说明蕴等所以是空;从修证上说,即以无所得慧所以能达到一切法空性。这一句,总结以上五蕴等皆空的理由,可以遍五蕴等一切法说,即如:无色、无受、想、行、识,以无所得故;无眼、耳、鼻、舌、身、意,无色、声、香、味、触、法,以无所得故等。

丁二　得般若果

戊一　涅槃果——三乘共果

菩提萨埵,依般若波罗蜜多故,心无罣碍。无罣碍故,无有恐

怖,远离颠倒梦想,究竟涅槃。

　　观空,不是知识的论辩,而是借此以解脱众苦的,所以接着明般若果。此明菩萨得涅槃果,即三乘共果。菩萨"依般若波罗蜜多故",观一切法性空不可得,由此能"心无罣碍",如游刃入于无间,所以论说:"以无所得,得无所碍。"无智凡夫,不了法空,处处执有,心中的烦恼,波兴浪涌,所以触处生碍,无边荆棘。菩萨离烦恼执障,能心中清净。"无罣碍故,无有恐怖":恐怖为愚痴心所生起,心有罣碍,执有我法而患得患失,即无往而不恐怖。经中说五畏:恶名畏、恶道畏、不活畏、死畏、大众威德畏。此中结归究竟涅槃,恐怖可约生死说,"坦然不怖于生死",即自然没有一切恐怖了。菩萨了法性空,知一切法如幻,能不为我法所碍而有恐怖,即"远离颠倒梦想"。颠倒,即是一切不合理的思想与行为,根本是执我执法,因此而起的无常计常、非乐计乐、无我计我、不净计净;以及欲行苦行等恶行。梦想,即是妄想,即一切颠倒想。菩萨依智慧行——悟真空理,修中道行——远离一切颠倒梦想,消除身心、自他、物我间的种种错误,即拔除了苦厄的根本,不怖于生死,能得"究竟涅槃"。涅槃是梵语,意译寂灭,一切动乱纷扰到此全无,故称究竟。菩萨依般若,能远离颠倒梦想究竟涅槃。我们如能依此以行,解一切法空,不但处事待人能因此减少许多苦痛,生死根本也可因此而解脱了。

　　戊二　菩提果——如来不共果

三世诸佛,依般若波罗蜜多故,得阿耨多罗三藐三菩提。

　　不但菩萨,诸佛也是依此般若而得成佛的。凡是证得圆满觉悟的,都名为佛。所以经上说:这过去、现在、未来的"三世诸佛",四方、四维、上下的十方诸佛,从最初发心,中间修菩萨行,直到最后成佛,无不是依般若为先导的。所以说:"依般若波罗蜜多故,得阿耨多罗三藐三菩提。"阿耨多罗译无上,三藐三菩提译正等正觉;合称为无上正等觉,或无上正遍觉。正觉,即对宇宙人生真理有根本的正确觉悟;声闻缘觉也可证得,但不能普遍;菩萨虽能普遍,然如十三十四的月亮,还没有圆满,不是无上;唯佛所证,如十五夜月的圆满,故名无上正遍觉。

般若与佛菩提,本非二事,般若是智慧,佛果菩提即无上正遍觉,又名一切智。在修行期中,觉未圆满,名为般若;及证得究竟圆满,即名为无上菩提。所以什公说:菩提是"老般若"。诸佛菩提,非仅是智慧,是以慧为中心,融摄佛果一切功德。诸佛因地修行时,不仅是修般若,也修施、戒、忍、进、禅等自利利他一切功德;故证果时,也证得无边功德,如十力、四无畏、十八不共法等。无上正遍觉,即圆具此一切功德的。菩萨依般若证空性以摄导万行,在实证边,能证智与所证理、能摄智与所摄行,都是超越的。依此,《金刚经》说:"是法平等,无有高下。"究竟的无上菩提,在实相慧的究竟证中,是即万行而离众相,超越不可思议。

菩萨修学般若,志在证得佛果菩提,为什么此经说菩萨证究竟涅槃,不说证菩提呢? 此因无上正等菩提,约究竟圆满说,唯佛能证得。而究竟涅槃则不然,是三乘共果,声闻阿罗汉、菩萨第七地——或说第八地,都能证得。不过声闻者至此,即以为究竟,而菩萨虽了知无分别法性,不生不灭、不垢不净、不增不减,得有诸佛护持,及发心度脱一切众生的本愿,于是不入涅槃,进趋佛果的阿耨多罗三藐三菩提。所以龙树说:"无生是佛道门。"

丙二　喻赞般若德

故知般若波罗蜜多,是大神咒,是大明咒,是无上咒,是无等等咒,能除一切苦,真实不虚。

此是引喻赞德。咒是一般印度人所信为有极大妙用的;印度教徒,以为诵持密咒,可以借咒语里的鬼神名字和秘密号令解决人力所不可奈何的事。凡欲求福、息灾、神通妙用,或利益人、或损恼人,都可从咒力中获得。在无量的咒语中,有些效力大的,今即引为譬喻赞说般若的功德——《大般若经》意如此。所以说"故知般若波罗蜜多,是大神咒"等。"大神",喻赞般若有极大的力量;"大明",喻赞般若的能破一切黑暗愚痴;"无上",喻般若为一切法门中最,没有更过其上的。涅槃为无等法,非一切可及,而般若如涅槃,所以名为"无等等"。《大般若经》中尚有"是一切咒王"句,喻赞般若为一切法门之王。印度人诵咒,不外为了除苦得乐,今此般若依之可以离生死苦,得涅槃乐;离一切苦,得究竟乐,所以说:"能除一切苦,真实不虚。"菩提萨埵以下,即总标度一切苦厄的解说。此下,《大般若经》中缺。

乙二　曲为钝根说方便

故说般若波罗蜜多咒,即说咒曰:揭谛揭谛,波罗揭谛,波罗僧揭谛,菩提萨婆诃。

　　此为钝根人巧说般若。愚痴众生,听闻般若,每不易信受,反生毁谤。这因为深观妙果,过于高上,卑劣众生是不敢希求的;尤其是众生一向执有,今闻经中一再说空,与他们本心相违,极难信受。般若法门,由此即不易弘传。大概佛灭五百年后,特别是在千年以后,佛法为了适应时机,采取通俗路线,或是迎合低级趣味。因为这样,才容易使世人信受。所以印度的后期佛教,为了适合当时印度人的口味,大乘经中都附有密咒。千年以后,密教更不断高扬。这不失为方便适化之一,如近人说法,每论及近代思想,虽所说的不尽合佛义,也每每引起近代学者对于佛法的好感。同时,人们的思想是散乱的,而般若慧是要从静定中长养起来,此密咒不加以任何解说,一心持诵,即能使精神集中而达心专一境的定境,也可为引发智慧的方便。这种方便,佛法里还不只一种,如读经、礼佛、念佛等皆是。如从慧悟说:密咒不可解说,而解说起来,实与教义一致。如"揭谛"是去义,"波罗"是到彼岸义,"僧"是众义,"菩提"是觉义,"萨婆诃"是速疾成就义。综合起来,即是:去啊! 去啊! 到彼岸去啊! 大众都去啊! 愿正觉的速疾成就! 这末一句,类似耶教祷词中的阿门、道教咒语中的如律令。《心经》的从《般若经》节出而单独流行者,为了引令钝根人生信得定等,所以以度脱一切苦厄的波罗蜜,作成密咒的形式而附以"是大神咒"等之后。如解了咒意,这不过以大家同脱苦厄、同得菩提的愿望为结论而已。

　　　　　　　　　　　　　　　　　　　　　　（续明记）

中华书局

初版责编　陈　平